Rupert Henning

Schön trinken

Betrachtungen eines Weinliebhabers

RUPERT HENNING

SCHÖN TRINKEN

BETRACHTUNGEN EINES WEINLIEBHABERS

IMPRESSUM

1. Auflage 2016

ISBN 978-3-8000-7658-1

Covergestaltung: Saskia Beck, s-stern.com
Lektorat: Mag. Marielle Weiss
Satz: reiterergrafik.at
Druck und Bindung: Finidr s.r.o.

www.ueberreuter-sachbuch.at

INHALT

ALLES ODER NICHTS

oder
Warum sich in meinem Verlag die für absatzwirtschaftliche Fragen zuständigen Menschen heftig die Haare raufen

Versuch eines Vorworts

Wenn Sie diese Zeilen lesen, gibt es aus meiner Sicht zwei Szenarien.

1. *Sie haben das Buch schon gekauft und beginnen gerade mit der Lektüre.*

In diesem Fall ist für meinen Verlag und mich mehr oder minder alles gut. Wir wünschen Ihnen viel Vergnügen beim weiteren Vorgang des Lesens, für den Sie keine zusätzlichen Ezzes von unserer Seite benötigen. Die Texte sollen ja schließlich für sich selbst sprechen, was sie hoffentlich in erbaulichster Weise auch tun werden, damit Sie anschließend nicht sauer auf uns sind. Das Geld für den Kauf dieses Druckerzeugnisses ist so oder so weg.

2. *Sie fragen sich, ob Sie das Buch kaufen sollten und worum es darin eigentlich geht.*

In diesem Fall gibt es Erklärungsbedarf. Als potenzielle Käuferschaft wollen Sie von uns überzeugt werden, dass es sich bei der vorliegenden Sammlung von bedruckten Blättern um eine Lektüre handelt, deren Erwerb – sei es für den Eigengebrauch oder zum Zweck des Verschenkens – eine sinnvolle Investition darstellt. Jetzt haben wir ein Problem. Ich kann Ihnen da nämlich nicht wirklich weiterhelfen. Natürlich könnte ich behaupten, dass die Lektüre Sie garantiert nicht enttäuschen wird und dass Sie den Kauf des Buches niemals bereuen werden. Dann wäre ich vielleicht ein leidlich passabler Verkäufer, käme mir aber andererseits wie ein Herumscharwenzler vor. Ich mag es nicht, wenn jemand selbiges bei mir tut, also lasse ich es auch bei Ihnen bleiben.

Auf die Frage, worum es in diesem Buch geht, kann ich Ihnen offen gesagt auch keine präzisere Antwort geben als diese: *Es geht um alles oder nichts.* Ich höre, während ich dies schreibe, wie sich in meinem Verlag die für absatzwirtschaftliche Fragen zuständigen Menschen heftig die Haare raufen. „Kann der Mann nicht einfach was Verkaufsförderndes von sich geben", stöhnen sie kummervoll, „oder sich wenigstens eines Vorworts enthalten, wenn er schon kein marktorientiertes zusammenbringt?" Ich erbitte Vergebung, liebe Menschen vom Verlag, aber ich finde, *alles oder nichts* klingt gut. Denn darum geht es doch letztlich immer im Leben.

Meine selige Großmutter hat das jedenfalls behauptet. „Bei dir, Bub", pflegte sie bei fast all unseren Zwiegesprächen irgendwann einzustreuen, „geht es immer gleich um alles oder nichts." Mir gefiel das schon als Kind, lange bevor ich wusste, was das Wort *Dialektik* bedeutet und wie viel Spaß man damit haben kann. Meine Großmutter sah das wahrscheinlich ein bisschen anders, weil es aus großmütterlicher Sicht halt so eine Sache ist, wenn es immer um alles oder nichts geht. Bei jedem Thema, bei jeder Frage, bei jeder verflixten Einbrennsuppe. Ich komme darauf noch zurück. Trotzdem glaube ich, sie hätte dieses Buch ganz gern gemocht und wäre im Großen und Ganzen damit einverstanden gewesen, dass ihr Enkelsohn sich auf existenzielle Weise mit existenziellen Themen befasst, die allesamt um das leibliche und geistige Wohl kreisen. „Man muss was Gescheites essen und man muss was Gescheites trinken", hätte sie gesagt. „Alles andere ist blöd. Wenn man nicht gescheit isst und trinkt, kann man auch nicht gescheit daherreden."

Ich komme wie angekündigt noch einmal auf die Einbrennsuppe zurück. Damit hat alles begonnen. Glattes Mehl, ein bisschen Schmalz, etwas Rinderbrühe, etwas Wasser, eine Prise Salz, Pfeffer und Kümmel, ein Hauch Knoblauch und zum Schluss ein versprudeltes Ei. Eine klassische Einbrennsuppe. Ganze Generationen von Kindern sind damit aufgewachsen. Ich jedoch saß bei meiner Großmutter in der Küche und verweigerte die dargebotene Mahlzeit. Ich war sechs oder sieben Jahre alt, ich mochte es grundsätzlich gerne, bei meiner Großmutter zu essen, aber diese Suppe war mir schlicht eine Spur zu fad und eine Spur zu mehlig. „Iss, Bub", sagte meine Großmutter, nachdem sie mich mit hochgezogenen Brauen einige Augenblicke lang prüfend gemustert hatte. „Sei brav und iss. Essen und Trinken halten Leib und Seele zusammen." Ich meine, mich erinnern zu können, dass nach dieser Ansage für kurze Zeit beinahe völlige Stille in der Küche herrschte. Nur das leise Ticken der Küchenuhr war zu hören. Und dann erfolgte gewissermaßen eine Initialzündung.

Eine mehlige Suppe und ein grundsätzlicher Satz standen am Beginn einer lebenslangen Suche nach der Antwort auf die Frage, was mich und meine Welt im Innersten zusammenhält. Wenn Sie diesbezüglich Genaueres erfahren wollen, lesen Sie bitte den Text „*Leib und Seele und Einbrennsuppen*" ganz hinten im Buch. Während ich diese Zeilen schreibe, sehe ich vor meinem geistigen Auge, wie sich in meinem Verlag die für absatzwirtschaftliche Fragen zuständigen Menschen die zerrauften Haare aufatmend wieder glatt streichen. „Geht doch", murmeln sie erleichtert, „der Mann kann ja doch was halbwegs Verkaufsförderndes von sich geben." Ich gebe mir Mühe, liebe Menschen vom Verlag. Ich gebe mir Mühe.

Tatsache ist, hätte meine gute Großmutter damals gewusst, was sie mit ihrer Suppe und ihrem Satz auslösen würde, hätte sie möglicherweise etwas anderes gekocht und sich den Satz verkniffen. Aber ich bin froh, dass es nicht so kam. Darum ist dieses Buch auch ihr gewidmet – und meinem sehr lebendigen Freund Alexander Magrutsch, seines Zeichens Chefredakteur der Zeitschrift „wein.pur", in welcher die in diesem Band gesammelten Texte seit dem Jahr 2009 erschienen sind. Er hat mich eines Tages eingeladen, regelmäßig über etwas zu schreiben, das ich sowieso regelmäßig konsumiere und worüber ich ebenso regelmäßig nachdenke: Wein.

Ich bin meinem Freund Alexander und meiner seligen Großmutter überaus dankbar. Nach all den Jahren bereitet es mir immer noch großes Vergnügen, mich der Frage zu widmen, ob Essen und Trinken tatsächlich Körper und Geist zusammenhalten, und was es mit dieser vielzitierten Seele konkret auf sich hat. Ich nehme das alles sehr ernst, ohne mich dabei allzu ernst zu nehmen. Sofern Sie das goutieren und obige Fragen auch für Sie von Interesse sind, kaufen Sie dieses Buch. Wenn Sie ferner wissen wollen, was einem, der sich nicht für einen önologischen Experten, sondern für einen passionierten Dilettanten und bestenfalls für einen Liebhaber hält, auf der stetigen Suche nach der passenden Weinbegleitung fürs Erdendasein und nach einem Paradies, in dem nicht Milch und Honig sondern u. a. Rieslinge fließen, im Laufe der Zeit so alles begegnet (zum Beispiel betrunkene Fische in piemontesischen Flüssen, Chaos im Kellerkosmos, enthemmte Vielzujungweintrinker, die Gier, die manchmal ein Hund ist, das Dingsbums im Blaufränkischen, önologisch geschulte Barockbasilisken, das Geheimnis der Vatikanischen Zwillingsformel oder die Erkenntnis, dass Schweinsbraten famos veltlinert, ein Roter hingegen selten schweinisch ist), kaufen Sie dieses Buch. Es enthält Betrachtungen, Bemerkungen und Bekenntnisse eines Jüngers der Vielfalt, der stets versucht ist, als Berufsbezeichnung „Epikureer auf dem Weg zum Menschen" anzugeben, obwohl dieser Terminus nie ins dafür vorgesehene Feld auszufüllender Formulare passt und die mehrfach erwähnte Großmutter ihn zweifelsohne für überspannt gehalten hätte.

So.

Wenn Sie diese Zeilen lesen, habe ich zumindest bis hierher Ihre Aufmerksamkeit gewonnen. Ich wäre entzückt, wenn mir das auch weiterhin gelänge.

Sie müssen nur umblättern und weiterlesen.

Rupert Henning
Wien, im Sommer 2016

DER LIEBHABER

Der Grund, warum ich diese Zeilen schreibe, ist folgender: Jemand hat mich gefragt, ob ich sie schreiben würde, und ich habe – entgegen meiner üblichen Gewohnheit in solchen Fällen – zugesagt. Ich soll eine Kolumne verfassen. In einer Zeitschrift, die sich mit Wein beschäftigt. Naheliegende Frage meinerseits: *Worüber genau?* Antwort: *Worüber Sie möchten. Schreiben Sie einfach. Sie sind ein Freak, der ein Gespür hat.* Das ist schmeichelhaft. Jetzt bin ich also gebauchpinselt und Kolumnist in einer Fachzeitschrift, umgeben von lauter Expertinnen und Experten. Mögliche Schlussfolgerung: Ich fungiere hier als Kontrapunkt. Ich bin nämlich kein Experte. Ich bin passionierter Dilettant und gedenke, dies lebenslänglich zu bleiben.

Ich sammle Wein, ich rieche und ich trinke ihn. Und wenn ich dabei nicht allein bin, rede ich auch liebend gerne darüber. Als Liebhaber, nicht als Experte. Von denen gibt es schon genug. In der modernen Weltmanege kriegt beinahe jeder irgendwann seinen Auftritt. Wer sich und seine Meinung am lautesten in die Welt hinausposaunt, hat gewonnen. Bis der nächste Meinungsposaunist im Rampenlicht erscheint. Es wimmelt auf diesem Planeten geradezu von echten und falschen Expertenmenschen, die lauter knackige Expertisen zu jedem beliebigen Thema im

Gepäck haben und immer alles besser wissen. Ich muss da passen. Aus tiefster Überzeugung.

Ich bin ein Jünger der Vielfalt, der Unüberschaubarkeit und der Überraschung – und als solcher ein erklärter Feind von Listen, modischen Rankings und apodiktischen Befunden. Auch wenn ich zugeben muss, dass ich selbst in diversen Büchlein und auf rasch zur Hand genommenen Zetteln meine Weinerlebnisse akribisch protokolliere und schlussendlich ebenfalls bei irgendeiner Bewertungsmethode lande. Meine erhebt allerdings keinen Anspruch auf Allgemeingültigkeit, ändert sich ständig und beinhaltet neben Punkten auch Symbole wie Sterne und Sonnen und Monde und Wellen und andere bisweilen völlig kryptische Kürzel, deren Bedeutung mir meist kurz nach ihrer Erfindung schon wieder entfallen ist. Ich kenne mich nicht aus und rätsle herum und das treibt mich in den Wahnsinn und macht zugleich einen Heidenspaß.

Andererseits muss die Welt, wo bekanntlich aus dem Chaos allerhand entsteht, schon gelegentlich aufgeräumt werden. Und damit sind wir beim Vergleich, der in den Wettbewerb mündet, welcher konstruktiv sein kann, solange es nicht nur um unkontrollierte Verdrängung geht. Keine Sorge, ich schreibe jetzt nicht über den Finanzkapitalismus und seine veritable Krise. Auch dazu haben schon genug Expertenmenschen ihren Senf abgegeben. Aber worüber zum Geier schreibe ich dann als kontrapunktischer Kolumnist!? Im Augenblick seit knapp vierhundert Wörtern darüber, dass ich einfach schreibe, worüber ich möchte, weil mir jemand gesagt hat, dass ich das darf. Und das mache ich so lange, bis mir jemand sagt, dass es jetzt reicht. Ich ziehe mich also (nicht wirklich hochelegant) aus der Affäre. Offensichtliche

Schlussfolgerung: Auch als Liebhaber ein Dilettant. Großartig, die Erkenntnis habe ich gebraucht.

Aber gut, wenigstens Liebhaber. Und immerhin, fällt mir ein, ist dies laut Eigendefinition eine Zeitschrift von Weinliebhabenden für Weinliebhabende. Ich bin also in bester Gesellschaft. Bitteschön. Über den Rest werde ich weiter nachdenken. Versprochen. Unter Mitwirkung meines Gespürs, das ich angeblich habe. Weil ich so etwas besser mit einem gewissen Abstand und bei einem Glas Wein kann, reise ich dafür ans andere Ende der Welt, wo man Rieslinge fabrizieren soll, die sich hinter unseren heimischen Sortenvertretern nicht zu verstecken brauchen. Das gehört selbstverständlich überprüft. Ich kann ja mitschreiben. Die nächsten Zeilen samt Sternen und Sonnen und Monden und Wellen erreichen Sie also aus Down Under.

WEIT WEG UND GANZ NAH

Die Erkenntnis ist nicht neu: *Manchmal muss man weit weg sein, um zu erkennen, was vor der eigenen Haustüre ist.* Im konkreten Fall wusste ich es aber schon lange: Ich lebe in einem Land, in dem nicht Milch und Honig fließen. Es ist beileibe kein Garten Eden mit göttlichem Gütesiegel, kein gelobtes Schlaraffenland. Aber auch kein Jammertal. Die Abwesenheit von fließenden Milch- und Honiggewässern in meiner unmittelbaren Umgebung macht mir nicht sonderlich zu schaffen – und einer der Gründe dafür ist etwas, das auf kargen Böden durch kundiger Hände Arbeit gleich bei mir ums Eck wächst. Ich spreche vom heimischen Riesling.

Vielleicht bin ich ja doch im Paradies. Ich habe eigentlich Beweise genug vor (oder vielmehr in) der Nase, um daran zu glauben. Trotzdem bin ich unlängst bis ans andere Ende der Welt gereist – und einer der Gründe hierfür ist wiederum: Riesling. Obwohl ich mich getrost zurücklehnen und für den Rest meines hoffentlich noch langen irdischen Lebens der beinahe überirdischen Vielfalt heimischer Rieslinge in all ihrer Köstlichkeit huldigen könnte, ohne dass mir dabei fad werden würde, fliege ich eine halbe Thrombosenewigkeit Richtung Südhalbkugel und kurve rastlos zwischen Weinbergen von Victoria bis Tasmanien umher, weil dort wächst, was ich auch zu Hause habe: Riesling.

Die Rebsorte verfolgt mich. Oder besser: Ich verfolge sie. Ich habe einige Jahre im Elsass gelebt. Was glauben Sie, warum? Heines Verse „Denk ich an Deutschland in der Nacht, dann bin ich um den Schlaf gebracht“ lauten in meiner holprigen Version: „Denk ich an Deutschland in der Nacht, gedenk ich seiner Rieslinge Pracht.“ Ich gehe sogar so weit, in Norditalien mitunter prachtvolle Rote stehen zu lassen, um den dortigen Riesling zu probieren. Obgleich ich, wie bereits in meiner letzten Kolumne festgestellt, ein Jünger der Vielfalt bin, treibt es mich auf der Suche nach *dem* Riesling durch die Weltgeschichte.

Zu meinen ebenfalls bereits vorgestellten üblichen Bewertungssymbolen (Sonne, Mond und Sterne) kamen in Down Under noch Beuteltiere hinzu. Ein hockendes Känguru: Passabler Wein. Ein hüpfendes Känguru: Sehr guter Wein. Mehrere hüpfende Kängurus mit Jungtieren im Beutel, die fröhlich winken: Exzeptioneller Wein. Und in meinen australischen Rieslingnotizen hüpft und winkt es ziemlich oft. Auch wenn das, was ich verkostet habe, vielleicht (noch) nicht ganz mit der Spitze der heimischen Oberliga mithalten kann, ist es mehr als eine Reise wert.

Und manche Vorurteile entpuppen sich (wie so oft) als ziemlich haltlos. Australiens wirklich gute Weine stammen nicht selten von *small makers* aus *single vineyards,* sind in der Mehrzahl alles andere als verwechselbar, sondern erzählen vielmehr unverblümt in der eigenwilligen Handschrift des jeweiligen Winzers von ihrem *Terroir*. Wer beim Stichwort „Neue Welt“ nur an überkochte Rotweine, Chardonnays von der Stange und Massenware aus gigantischen Riesenkellereien denkt, irrt gewaltig.

Man findet dort zum Beispiel die weltweit ältesten Böden, auf denen in einem Dutzend höchst unterschiedlicher Anbaugebiete Rieslinge von stetig wachsender Bandbreite reifen, seit schlesische Immigranten im 19. Jahrhundert die Rebsorte aus Europa in ihre neue Heimat mitbrachten. Wenn ein Land Rieslinge hervorbringen will, die das Prädikat *terroir-driven* verdienen, dann hat die Terra Australis keine schlechten Karten. Ein paar Jahre noch, dann werden wir europäischen Riesling-Junkies uns vielleicht warm anziehen und ins *cool climate* nach Tasmanien pilgern. Nicht nur wegen des Klimawandels. Die Weinvielfalt dort ist so groß wie das Land. Irgendwo zwischen all den Kängurus wächst bestimmt ein Riesling, der eindeutig Oberliga ist. Das wird dann auch nicht *der* Riesling sein, aber *einer der* Rieslinge. Der kluge Herr Hölderlin hat es auf den Punkt gebracht: „Wir sind nichts. Was wir suchen, ist alles.“ Irgendwo gibt es immer einen Wein, den ich noch nicht gekostet habe. Weit weg und ganz nah.

WENIGER IST MEHR

Wein braucht Zeit. Die Zeit der Winzerinnen und Winzer und die Zeit der Menschen, die ihn reifen lassen, um ihn irgendwann mit Bedacht zu trinken. Guter Tropfen will Weile haben, sonst ist er schnell beleidigt. Zurzeit hab ich allerdings vor allem eines nicht: nämlich Weile. Ein irisches Sprichwort besagt zwar, dass Gott, als er die Zeit machte, genug davon gemacht hat, aber offenbar hat er mich momentan aus dem Verteiler genommen, denn ich hab kaum welche. Weder für den Wein noch für was anderes, das der Kontemplation dienlich sein könnte.

Dieses nicht sehr begrüßenswerte Faktum steht in ursächlichem Zusammenhang mit meiner an sich durchaus begrüßenswerten Arbeit. Ich drehe gerade mit Andreas Vitasek eine neue Serie für den ORF, bei der ich Regie führe. Das bedeutet zunächst einmal ziemlich viel Spaß, es bedeutet aber auch Arbeitstage mit vierzehn bis sechzehn Stunden, wenig Schlaf, viel Wachsamkeitsverbrauch und haufenweise Verantwortung. Und bisweilen die Frage: „Wieso hab ich nicht mehr Zeit!?"

Selbige Frage murmelte ich unlängst während der Dreharbeiten leise und hilflos vor mich hin, weil das Tageslicht im Schwinden begriffen war und die Szene noch längst nicht im Kasten schien. Es handelte sich zwar um eine rhetorische Frage, aber ich hab trotzdem eine Antwort bekommen. Und sie fiel so einfach wie klug aus. „Zeit“, sagte eine gelassene Mitarbeiterin, die neben mir stand, „hat man nicht. Zeit nimmt man sich.“

Ich befand mich unversehens, wie es so schön heißt, wieder am Boden der Realität. Einer Realität, die ich selbst mitbestimmen kann. Und weil dem so war, hab ich auf den Zeitmangel gepfiffen und mir einfach welche genommen, um mit Darstellern und Team in aller Ruhe die Szene zu besprechen und sie anschließend zu drehen. Und siehe, es war noch ausreichend Licht und Zeit vorhanden, als wir mit der Arbeit fertig waren. Kein Wunder. Kein Trick dabei. Leicht gesagt – und überraschend leicht getan.

An diesem Abend ging ich daheim schnurstracks in meinen Keller. Das Etikett hatte sich durch Feuchtigkeit und Schimmelbefall bereits mehrheitlich Richtung Unkenntlichkeit verabschiedet und der Staub auf dem dunklen Glas der gedrungenen Flasche erzählte beredt von den langen, stillen Jahren, die sie im Dunkel des Kellers gewartet hatte: auf einen Augenblick wie diesen. Im Gegensatz zu meinem disziplinierten Hauptdarsteller, der für die Dauer der Dreharbeiten dem Genuss alkoholischer Getränke gänzlich abgeschworen hat, bin ich ein bekennender Trinker geblieben. Allerdings einer mit sehr viel Zeit. Und einem Hang zu maßvollem Genusse. Ich höre meist auf, wenn es am schönsten ist. Geht übrigens auch leichter, als man glaubt. Weniger ist nicht selten mehr, Zurückhaltung steigert den Genuss und Reduktion schärft die Sinne für das Wesentliche.

Der Wein, den ich an besagtem Abend auf die reichlich vorhandene Zeit und die Maßhaltung trank, war vor exakt zwei Jahrzehnten in Pessac-Léognan bei Bordeaux geerntet worden und schien mir vor allem eines zu sein: absolut zeitlos. Abgesehen davon war er noch dieses: erdig, von herkuleischer Kraft und dabei trotzdem harmonisch wie ein Wiegenlied.

So etwas hebt man sich eigentlich ewig und noch ein wenig länger auf, weil man auf die eine, die ganz, ganz besondere Gelegenheit wartet, die solchem Weine angemessen ist. Und genau das kann ins Auge gehen. Denn manchmal wartet man zu lange. Nicht aus der Sicht des Weins vielleicht, aber aus der eigenen.

Ich bin durchaus fürs Warten zu haben. Aber irgendwann sollte man schon den Mut und die Chuzpe haben, sich nicht nur Zeit, sondern auch den passenden Wein dazu einfach zu nehmen. Zur Feier des Tages, den man sprichwörtlich genützt hat. Man hat dann zwar einen legendären Klassiker weniger im Keller. Aber weniger ist, wie schon festgestellt, manchmal mehr.

LAND UNTER

Der Regen regnet sich nicht satt.
Es regnet hoffnungslosen Zwirn.
Wer jetzt 'ne dünne Schädeldecke hat,
dem regnet's ins Gehirn.
(Erich Kästner)

Es ist früh am Morgen. Der Winzer steht einige Augenblicke lang regungslos unter dem schweren Himmel in seinem Weingarten über dem Hochwasser führenden Strom. Er ist todmüde und hellwach zugleich und vor allem ist er durch und durch nass. Schon seit Wochen. Seit „Quinton" von der Adria Richtung Schwarzes Meer zog und dafür sorgte, dass es der regenreichste Juni seit fast zweihundert Jahren wurde.

Der Winzer blickt zwischen den triefenden Rebzeilen hinunter in Richtung der Häuser, wo die Fahrzeuge der Feuerwehr und der Helfer stehen. Diesmal war es nicht der Strom, sondern der Bach. Für gewöhnlich kaum einen halben Meter tief, ist er nach dem heftigsten Regenguss, den der Winzer je erlebt hat, binnen kürzester Zeit auf vier Meter angestiegen, hat die Straße unterschwemmt, Brücken und Stege mitgerissen, Autos, Gartenzäune, Büsche und alles andere, was nicht standhielt. Die Stromversorgung fiel aus, Telefon- und Wasserleitungen waren unterbrochen, das Trinkwasser verunreinigt, Straßenlaternen wie Streichhölzer abgeknickt. Der Winzer denkt an die Keller, die wieder einmal unter Wasser stehen, an die Pumpen, die hoffentlich nicht den Geist aufgeben, an das hochschießende Unkraut zwischen den Rebstöcken und daran, dass er den Boden wegen der Nässe in den nächsten Tagen nicht bearbeiten kann.

Die Gedanken sind flüchtig, nur einer setzt sich immer wieder fest. *Die Feuchtigkeit,* denkt er, *ist nicht bloß ein äußerer Zustand.* Er hat keinen trockenen Faden am Leib, aber er spürt die Nässe, die Klammheit auch woanders: im Inneren.

Ein alter Mann ist ertrunken. Es heißt, er war dabei, eine Verklausung an einer Brücke zu lösen, als er in die reißenden Fluten stürzte. Sein Enkel wollte ihn retten, aber ein treibender Baumstamm hat die beiden getrennt.

Unten bei den Häusern sind weitere Helfer eingetroffen, waten durch den Schlamm zu den anderen. Es wird lange dauern, um alles aufzuräumen. Wieder einmal. Aber am Ende werden kaum Spuren bleiben. Nach dem Hochwasser ist vor dem Hochwasser. Immer schon. Gestern waren Leute vom Fernsehen da, die wollten wissen, wie es ist, in einem Katastrophengebiet zu leben. Der Winzer hat geschwiegen, zu seiner Frau geblickt, dann zu dem Mann von der Gemeinde. „Das ganze Gerede von der Krisenregion", hat der Mann gesagt, „ist nicht gerade hilfreich, das hält bloß die Gäste fern. *Das* ist die eigentliche Katastrophe. Demnächst ist Marillenernte und das Wetter wird ja wohl nicht ewig so bleiben. Das Leben geht weiter." Der Winzer hat ihm zugehört und gedacht, dass der Mann recht hat. Und zugleich auch wieder nicht. Kurz zuvor war ein Ausflügler auf dem Fahrrad vorbeigekommen und hatte sich beschwert, weil die Straße wegen der Aufräumarbeiten nach dem Felssturz gesperrt sei. Die Journalisten haben noch weitere Fragen gestellt. Ob es wieder ein „problematischer" Jahrgang werden würde, so wie im letzten Jahr, was mit der Mehltaugefahr sei und ob man die Höhe der Ausfälle schon abschätzen könne.

Der Winzer steckt die feuchten Hände in die feuchten Taschen seiner feuchten Jacke und geht hangabwärts auf die Häuser zu. Er ist froh und zugleich irgendwie wütend, weil er gestern geschwiegen hat. *Ich hätte vielleicht nicht diplomatisch sein sollen,* denkt er, *sondern sagen müssen, dass das Leben bisweilen eben nicht einfach weitergeht und dass manche Verluste nicht wiedergutgemacht werden können.*

Als er unten ankommt, wartet seine Frau auf ihn. *Sie sieht todmüde aus*, denkt der Winzer, *und hellwach zugleich. Und vor allem durch und durch nass.* Sie sehen sich an und er sagt nichts, weil er spürt, dass er jetzt nichts sagen muss. Sie weiß, woran er gedacht hat, oben im Weingarten, im Regen.

GANZ OHNE STRESS

Ich bin nie im Stress. Seitdem ich eines Tages inmitten eines Überlastungshurrikans beschloss, den Begriff einfach aus meinem Sprachgebrauch zu streichen, schramme ich zwar regelmäßig knapp am vollständigen Burn-out vorbei, bin dabei aber nie im Stress. Der Trick aus dem unerschöpflichen Selbsttäuschungsfundus funktioniert. Jedenfalls meistens. Was als Begriff nicht existiert, das gibt es nicht, Punkt. Aufgrund gewisser Erfahrungen der letzten Zeit erwäge ich, mit der Bezeichnung „Weinkenner" auf ähnliche Weise zu verfahren. Ich will nämlich in dieser Welt keiner mehr sein.

Vor einigen Wochen war ich zu einem Abendessen eingeladen. Der mir bis dahin nur flüchtig bekannte Gastgeber gilt allgemein als Mann von tadellos toleranter Gesinnung und ebensolchen Manieren. Als wir einander vorgestellt wurden, musterte er mich jedoch so scharf, als hätte ich in aller Öffentlichkeit ein Auge auf seine attraktive Frau geworfen. „Wie man hört, sind Sie Weinkenner." Eindeutig spöttischer Unterton. „Was sagen Sie denn dazu, hm!?" In schlecht verhohlener Kampflüsternheit hielt er mir vor versammelter Gästeschar ein mit funkelndem Weißwein halb gefülltes Glas unter die Nase.

Tja, was sagt man in so einem Augenblick? Wenn man halbwegs wohlerzogen ist: „Danke." Der Tadellose war erwartungsgemäß mit dieser angemessen höflich vorgebrachten Antwort nicht zufrieden. „Als Weinkenner" – er dehnte das Wort bedeutungsvoll – „werden Sie uns doch sicher verraten können, was wir da trinken, nicht wahr?" Ich hätte am liebsten am Absatz kehrtgemacht.

Errät man in solchen Fällen Sorte, Jahrgang, womöglich gar Herkunft, Lage und/oder Erzeuger des Weins, zieht dies unweigerlich die immerwährende, aus abgrundtiefem Neid geborene Verachtung seines gedemütigten Gegenübers nach sich. Scheitert man hingegen bei der Identifizierung, darf man sich der immerwährenden, aus abgrundtiefem Siegerstolz geborenen Verachtung des nämlichen Gegenübers gewiss sein. Ich entschied mich für den jämmerlich naiven Versuch, eine andere Lösung zu suchen.

„Ich bin Liebhaber, kein Kenner." Eindeutig aufrichtiger Ton. „Ich weiß nicht, was wir da trinken, aber es duftet wunderbar." Der Blick des Tadellosen troff vor lauter Geringschätzung. „So, so", entgegnete er und warf einen hohngeschwängerten Blick in die Runde. Dann gab er mir mit einem gönnerhaften „Naja, dann ... zum Wohl!" den Rest. Der Abend war gelaufen. Der Wein, den ich im Glase hatte (ein steirischer Sauvignon, nebenbei bemerkt, wie in diesem Falle unschwer zu erkennen war), roch plötzlich schal und ich verabschiedete mich viel früher als geplant.

Ich kann gar nicht sagen, wie tierisch mir dieser (blöderweise zutiefst menschliche) Hang zum kompetitiven Gerangel mitunter auf den Geist geht. An sich durchaus vernunftbegabte Frauen und Männer verkrampfen synchron bei dem Versuch, sich nur ja keine Blöße zu geben, wenn sie ihre Nasen in ein Glas halten, zu dessen Inhalt sie irgendein Tadelloser in eindeutiger Aufblattelungsabsicht befragt. Paranoide Weinkenner gebärden sich in Runden, die eigentlich dem gemeinsamen Genusse dienen sollten, bisweilen wie am Fußballplatz, wo sich bei „privaten Freundschaftsspielen“ Horden von fanatisierten, meist schon aus dem vorletzten Loch pfeifenden Ehrgeizlingen in der Mitte des Lebens gegenseitig gnadenlos umhacken, um sich selber zu beweisen, dass ... ja, was eigentlich!? Dass sie andere noch umhacken können!?

Ich bin raus aus diesem (manchmal todernsten) Spiel. Ich hab keine Lust drauf, dass alles im Leben zum Match gerät. Wein ist ein Lebensmittel, kein Mittel zum Zweck ultimativer gegenseitiger Demütigung. Es kann wunderbar sein, einen Wein in privatem Rahmen blind zu verkosten. Aber nicht, um möglichst als Erster durchs Ziel beim Erkennungsrennen zu gehen, sondern um – letztlich ganz für sich – etwas zu erfahren, etwas zu lernen, etwas zu erleben. Ganz ohne Stress. Nicht als Kenner, sondern als Liebhaber.

KOSMOS UND CHAOS

Ich halte mich für einen halbwegs ordentlichen Menschen. Ich hab meinen Kosmos (griechisch *kósmos* „die Ordnung") recht gern und möchte meist wissen, wo was und was was ist. Die Leute in meiner unmittelbaren Umgebung werden Ihnen das zweifellos bestätigen, um dann hinter vorgehaltener Hand irgendwas von „geradezu pathologischer Kontrollsucht" zu murmeln, von „Ordnungsmanie" und davon, „dass der Kerl aber auch wirklich niemals loslassen kann". Glauben Sie ihnen. Sie leben mit mir, sie müssen es wissen.

Was sie aber, so gut sie mich auch kennen, vermutlich nicht einmal ahnen, ist mein ausgeprägtes Faible fürs Chaos (griechisch *cháos* „Zustand völliger Unordnung"). Ich hab es mindestens so gern wie den Kosmos. Freilich kann ich diese, meine geheime Zweitliebe niemals öffentlich zugeben. Deshalb schreibe ich ja auch eine Kolumne darüber, die hoffentlich kein Schwein liest. Total logisch. Immerhin hab ich a) einen Ruf zu verlieren, und b) ein Problem, wenn mein Chaos-Faible zu sehr publik wird, weil dann die Leute meiner unmittelbaren Umgebung womöglich flugs glauben, sie können die Zügel schleifen lassen – und binnen kürzester Zeit hab ich dann deren vermaledeites Chaos am Hals, das ich wirklich nicht brauchen kann, da ich naturgemäß nur mein eigenes Chaos und nicht das anderer Leute mag. Wenn Sie jetzt an den Begriff „neurotisch" im Zusammenhang mit dem Verfasser dieser Zeilen denken, liegen Sie richtig. Weiter im Text.

Es geht bei all dem um Dialektik. Und um Wein. Was sonst!? Ich hab einen Freund, den ich ungemein schätze, für seine mannigfachen Talente grenzenlos bewundere und einfach rundum gern habe, obwohl er in vielem das krasse Gegenteil von mir ist. Aber er zählt (wie ich) zu den Weinliebhabern und er besitzt (wie ich) einen Keller, in welchem er (wie ich) die eine oder andere Flasche edlen Inhalts aufzubewahren pflegt.

Der Unterschied: Mein Keller ist ordentlich. Seiner hingegen ähnelt jenem Urzustand der Welt, den Ovid in seinen *Metamorphosen* mit den Worten „rudis indigestaque moles" beschreibt: eine verworrene, ungeordnete Masse. Alles liegt chaotisch zuhauf und ein höheres Prinzip ist nicht in Sicht.

Ich gebe zu, ich war in Versuchung. Die Frage: „Sag, soll ich da vielleicht einmal für dich ein bisserl aufräumen, hm?", lag mir ansatzlos auf den Lippen, als ich den Chaoskeller zum ersten Mal betrat. Ich hab sie mir gerade noch verkniffen – und siehe, ich wurde reich belohnt.

Mein wirrer Freund begab sich mitten in die ungeordnete Masse seiner Weine, begutachtete mit gerunzelter Stirne und beinahe eine Ewigkeit lang da eine etikettenlose Flasche, stöberte dort in einem verrotteten Karton, murmelte etwas von einem „wahrhaft apokalyptischen Wassereinbruch" und dem „Schimmelarmageddon, das sämtliche Pickerln zuschanden gehen lässt" und wusste ganz offensichtlich weder wo was noch was was war. Irgendwann zog er schließlich eine Flasche aus einem der bedrohlich wackelig-morschen Regale und hielt sie mir hin. Kein Etikett, keine Banderole, nichts. „Was ist das?“, fragte ich. „Keine Ahnung“, sagte er achselzuckend. „Probieren.“

Das taten wir. Wir entkorkten den Wein (kein sichtbarer Aufdruck am Korken), gossen aus der garantiert bakterienüberbevölkerten Flasche (keine eindeutig einer Region zuordenbare Form) eine fast opake Flüssigkeit in zwei Gläser und probierten. Es war schlicht und überaus ergreifend einer der besten Weine meines Lebens. Eine Offenbarung für Nase und Gaumen, vollkommen und direkt aus dem Chaos.

Ich weiß bis heute nicht, von wem und von wo er stammte. Ehre, wem Ehre gebührt – aber in diesem Fall ist es mir offen gesagt völlig blunzen. Ich muss nicht alles wissen. Manchmal ist es für einen Liebhaber ratsam, auf den Kosmos zu pfeifen und das Chaos auszukosten. Solcher Wein braucht vielleicht auch keine Ordnung und kein Etikett. Er ist selbst ein höheres Prinzip. Und siehe, von Zeit zu Zeit ist es genug, nur zu staunen. Prost.

LEIB UND SEELE

Als Jean Anthèlme Brillat-Savarin, seines Zeichens Jurist und Bürgermeister von Belley, seinem Geburtsstädtchen im Südosten Frankreichs, eines Tages im letzten Jahrzehnt des 18. Jahrhunderts eine Vorladung des Pariser Revolutionstribunals erhielt, verhieß das beileibe nichts Gutes. Es waren unsichere Zeiten. In der Hauptstadt regierte *La Terreur,* der Schrecken, und die Guillotine, auch bekannt als *le raisor national*, das nationale Rasiermesser, kostete nach dem Willen der radikalen Jakobiner zahlreichen Bürgerinnen und Bürgern den Kopf.

Kurzum, der politisch gemäßigte Brillat-Savarin musste handeln, wenn er keine drastische Verkürzung seines Körperausmaßes riskieren wollte. Er überlegte nicht lange. Eine Bekannte, deren Gemahl als *Conventcommissair* über einigen Einfluss verfügte, sollte ihm einen Geleitschein besorgen. Und so machte sich der von letaler Verkürzung Bedrohte eilends auf, um dem nationalen Rasiermesser zu entgehen.

Und nun kommt der entscheidende Punkt. Nichts läge mehr auf der Hand, als sich Brillat-Savarin in jenen Stunden als ein zitternd um sein Leben bangendes Nervenbündel vorzustellen. Doch nichts entspricht weniger der Wahrheit. Denn besagter Herr hatte offenbar sehr wohl noch anderes im Sinn, als dem

Henker zu entwischen. Und zwar eine ordentliche Mahlzeit. Getrüffeltes Fricassée vom Huhn, am Spieß gebratene Wachteln, Regenpfeifer und Hahn. Als Dessert dann Vanillecreme, anschließend Käse und Früchte. Dazu natürlich passender Wein, erst ein leichterer Roter, dann ein gewichtigerer Tropfen aus dem Rhônetal, später ein oder zwei Gläschen Strohwein, süß und feurig, sodann Kaffee und zu guter Letzt als Digestif Liköre aus Verdun.

Respekt. Der Mann hatte die richtige Einstellung. Essen und Trinken, heißt es, halten Leib und Seele zusammen. In einer seiner Schriften erzählte der Franzose später in durchaus launiger Weise von dieser lebensbedrohlichen Episode und seiner Mahlzeit am Weg und legte dabei besonderes Augenmerk auf die Beschreibung der Speisen- und Getränkefolge. Mit einer solchen gastrosophischen Grundhaltung muss man, sofern man seinen Kopf behält, wohl zwangsläufig zu einem der bedeutendsten Gastrosophen und Epikureer aller Zeiten werden. Brillat-Savarins *Die Physiologie des Geschmacks* ist nicht bloß ein mit Witz und Geist gespicktes Werk über all das, was Leib und Seele zusammenhält, es ist vielmehr eine Lebenslehre par excellence und hat darum auch die europäische Kultur des Genusses entscheidend geprägt.

Im Essen und Trinken offenbart sich das Leben. Allerdings nur dann, wenn man sich dafür entsprechend Zeit nimmt. „Die Welt ist nichts, ohne das Leben, und alles, was lebt, ernährt sich", schreibt der Epikureer aus Belley. Und weiter: „Fresser und Säufer verstehen nichts vom Essen und Trinken." Voilà, es geht also um das richtige Maß. Das klingt nach leidenschaftsloser Vernunft, ist aber, wie ich meine, Bedingung für jene Leidenschaft, die einem wahren Genuss und wenig Leiden schafft.

Ohne *La Terreur* verharmlosen zu wollen (die jakobinische Variante des 18. wie die nicht minder schrecklichen des 21. Jahrhunderts) – es gibt in jedem Menschenleben wohl genügend Situationen, die dazu angetan sind, einen in ein zitterndes Nervenbündel zu verwandeln, auch wenn es nicht immer gleich um Kopf und Kragen geht. So man sich dann aber an die Brillat-Savarin'sche Maxime und Lebensart hält, hat man gute Chancen, dass Leib und Seele zusammenhalten.

„Ein echter Feinschmecker, der ein Rebhuhn verspeist hat", lautet eines seiner berühmtesten Bonmots, „kann sagen, auf welchem Bein es zu schlafen pflegte." Ich habe zwar gerade kein Rebhuhn zur Hand, aber ein Glas Wein heimischer Provenienz. Und ich meine, sagen zu können, mit welchem Bein das winzernde Menschenwesen an jenen Tagen aufzustehen pflegte, an denen es diesen Wein kelterte. Mit dem richtigen nämlich.

DER FLIEGENDE FRANZOSE

Die Maschine, die ihn von der Süd- zur Nordhalbkugel fliegen soll, hat Verspätung. Wie üblich verbringt er die Wartezeit in einer der exquisiten Lounges des Terminals und leidet unter dem Raumklima, das keineswegs der noblen Ausstattung entspricht. Er blickt durch die getönten Scheiben und ist sicher, dass die Leute da draußen auf den harten Plastikstühlen in den überfüllten Wartebereichen des Flughafens die gleiche Luft zu atmen bekommen wie er: staubtrocken und chemisch kühl. Der Gedanke erscheint ihm snobistisch, mit einem Anflug von Scham schließt er die Augen und atmet, bis sein Flug aufgerufen wird, gerade so viel Luft wie unbedingt nötig ein.

Als er Stunden später den Äquator überfliegt, der die Welt und sein Arbeitsjahr in zwei Hälften teilt, spürt er die Vorboten einer Erkältung als leises Pochen in der Stirnhöhle. Er fragt sich, wie er das früher alles ausgehalten hat. Acht Dutzend Weingüter auf fünf Kontinenten. Die Liste war lang. Nicht selten hat er drei Ernten pro Jahr gemacht, die dritte im texanischen Fredericksburg zum Beispiel, für die Nachkommen deutscher Familien, deren Vorfahren im 19. Jahrhundert aus rheinischen Dörfern in die neue Welt ausgewandert waren. Nun bauen ihre Erben am Texas Wine Trail unter anderem Sangiovese, Primitivo oder

Tempranillo an. Die Weinwelt ist ein Dorf. Seine eigenen Vorfahren waren Winzer am rechten Ufer der Dordogne. Jahrhundertelang gehorchten sie den immer gleichen Abläufen ländlichen Lebens, blieben dem Weinberg verbunden, wo sie ihre ersten und ihre letzten Schritte taten. Dass er selbst etwa in Michigan auf exakt jenem Breitengrad wie vor ihm sein Vater im Bordelais letztlich genau die gleiche Arbeit tut, tat in dessen Augen nichts zur Sache.

Wenn er mit dem Refraktometer zwischen tasmanischen Rebzeilen steht und ab und zu ein Wallaby hinter den Stämmen der Eukalyptusbäume verschwinden sieht, fragt er sich bisweilen, ob sein Vater recht hatte und wo der Unterschied liegen könnte. Er ist meist auch kurz nach Sonnenaufgang auf den Beinen, sucht die Trauben aus, die geerntet werden sollen, instruiert die Helfer, damit beim Transport nicht wieder was schiefgeht wie beim letzten Mal. Er macht die gleiche Arbeit wie seine Leute vor ihm. „Aber es ist nicht das Gleiche", hat sein Vater gesagt, „denn einmal gehst du dahin, einmal dorthin. Du weißt nicht alles über die Lage, wo der Wein wächst, weil es nicht dein Land ist. Du musst dich auf die Berichte anderer verlassen, also riskierst du nie etwas. Du bist immer vorsichtig, immer korrekt. So entsteht vielleicht guter Wein, Sohn. Aber keiner, der Charakter hat."

Drei Ernten macht er inzwischen nicht mehr. Vielleicht, weil er immer seltener darüber nachdenkt, wo er überall noch nicht gewesen ist. In den letzten zwei Monaten hat er trotzdem zwanzigtausend Kilometer zurückgelegt. Manche seiner australischen oder neuseeländischen Kollegen lächeln nur müde angesichts dieses Pensums. Aber seine Weine sollen mehr als nur korrekt sein. Als er anfing, hat er sie nach Maß gearbeitet, den Wünschen der Kunden entsprechend. Inzwischen ist sein Stil das Maß der Dinge.

Er senkt zwar nach wie vor allerorts die Erträge und lässt mit möglichst hoher Reife lesen, aber er handelt viel intuitiver. Er macht das, was die Trauben ihm sagen. Sein Labor in Mérignac schickt ihm Analysen, die er oft nur mehr rasch überfliegt. Er wird nicht müde zu wiederholen, dass man Geduld benötigt. „Die Uniform der reifen Frucht und das Holz legen meine Weine erst ab“, meint er zu den Damen und Herren der Presse, „wenn sie ein gewisses Alter erreichen. Falls Sie so lange Zeit haben, reden wir weiter. Falls nicht, würde ich vorschlagen, Sie schreiben über andere Erzeugnisse.“

Seine Frau hat es aufgegeben, ihn darauf hinzuweisen, dass er es sich auf diese Weise vielleicht mit wichtigen Leuten verscherzt. Sie weiß, dass er stur sein kann. Genau wie sein Vater. *Terroir* bedeutet Charakter. Seinen und den des Bodens, auf dem er steht. Egal, wo er ist.

KALTWARM

Irgendwie hab ich es mit den Geschichten vom Fliegen. Vielleicht, weil das Ikarische an uns mir trotz aller Routine als Fluggast immer noch gleichermaßen großartig wie vermessen erscheint. Letztens erzählte ich an dieser Stelle vom Leben eines fliegenden Franzosen, der beinahe mehr Zeit über den Wolken als auf der Erde verbringt, obschon das *Terroir* sein Geschäft ist. Heute geht es nicht um den Charakter eines Menschen und den seiner Weine. Es geht um etwas, das den Charakter jedes Weines beinahe völlig verbergen oder aber hervorheben kann.

Während ich diese Zeilen verfasse, sitze ich in einer Maschine, die mich von Europa über den Atlantik nach Amerika befördert. Wegen neuerlicher Aktivitäten eines inzwischen zu einiger Berühmtheit gelangten isländischen Vulkans fliegen wir mit gewissem Sicherheitsabstand nördlich an Reykjavik vorbei. Draußen hat es über fünfzig Grad unter Null, zehn Kilometer unter mir liegt Grönland in Schnee und Eis. Der Blick von oben auf das kalte Land und die winzigen Eisblumen am Fenster des Flugzeugs lassen mich an etwas denken, worüber ich schon länger schreiben wollte, obwohl ich damit vielleicht in den Augen mancher weinaffiner Menschen Eulen nach Athen trage. Es geht um Temperatur.

Die meisten Weine, scheint mir, werden falsch getrunken. Falsch temperiert, um genau zu sein. Ich bin deswegen regelrecht schon paranoid. Ob bei privaten Einladungen oder in Restaurants, mich verfolgen laufend Rotweine mit Zimmertemperatur. Und das in Zimmern, die meinem Kalt-Warm-Empfinden nach eigentlich die sofortige Entkleidung bis auf die Unterwäsche erfordern. Angesichts der famosen grönländischen Schneemeerlandschaft muss ich aber auch an das Schicksal mancher Weißweine denken, deren grauenvoller Erfrierungstod in gnadenlosen Eiskübeln mir in schrecklicher Erinnerung ist.

Bitte, bitte. Könnte man die Weine, die man offeriert, entsprechend temperieren? Es ist ja gar nicht so schwer und folglich auch nicht viel verlangt. Regeln und Anhaltspunkte, was für welchen Wein gut ist, gibt es bekanntlich. Tabellen, wo diese draufstehen, ebenso. Bitte, bitte. Anschauen, einhalten.

Ein Roter etwa, der mit zwanzig Grad dünstend im Glas schwappt, ist nicht dazu angetan, Freude zu bereiten. Alkohol und Säure steigen einem aufdringlich in die Nase – und das war's. Ein körperreicher Weißwein wiederum, der sozusagen „grönländisch behandelt" wird, kann seine wahre Größe niemals entsprechend entfalten und muss hundselendig enttäuschen. Im Glas erwärmt sich zudem jeder Wein binnen Kurzem um zwei, drei Grad. Das ist önologisches Basiswissen, ich weiß. Aber zu viele halten sich nicht daran.

Vor Kurzem durfte ich in Wien mit einer Handvoll Menschen, darunter hochversierte Connaisseure, ein paar große, einige ganz große und ein paar ganzganzganz große Weine von der südlichen Rhône verkosten, welche lediglich in namenstechnischer Hinsicht mit dem Papst zu tun haben. Nun will ich nicht päpstlicher als dieser sein, aber bei solch gnadenvollen Weinen ist die Trinktemperatur zum Beispiel mehr als entscheidend. Wie oft hat man schon die Gelegenheit, in einer Runde angenehmer Zeitgenossen den Genuss solch glorioser Weine zu zelebrieren? Zu warm oder zu kalt – beides wäre ein glattes Sakrileg. Irgendwann an diesem Abend holte einer der anwesenden Herren ein Thermometer aus der Tasche und unterzog den Inhalt seines Glases einer kurzen Überprüfung. Jawohl. Das ist die richtige Einstellung. Die sollte Schule machen.

Ich habe beschlossen, in Zukunft beim leisesten Verdacht sogleich nach einem solchen Messgerät zu fragen, wenn ich im Restaurant eine Flasche Wein bestelle, die ihren stolzen Preis hat und deren Inhalt dementsprechend auch wohltemperiert sein sollte. Das ist beileibe kein Snobismus, das gehört schlicht obligatorisch zur Trinkkultur. Wir trinken immerhin, den Glaserzeugenden (zumal den heimischen) sei Lob und Dank, auch nicht aus irgendwelchen plumpen Bechern, sondern aus entsprechenden Gefäßen. Und jeder weiß, was das für einen Unterschied macht. Also: *„Temperaturistinnen und Temperaturisten aller Länder, vereinigt euch!“* Wir geben es den Frevelnden von heute an geschlossen kaltwarm.

DABEI SEIN IST ALLES

Angeblich hat Pierre de Frédy, Baron de Coubertin, seines Zeichens Wiederbelebungsprotagonist der modernen Olympischen Spiele, seinen berühmtesten Satz gar nie gesagt. Aber manche Sprüche sind so dermaßen griffig und so gründlich mit garantiert alterungsbeständiger Wahrheit imprägniert, dass kein Hahn nach den Umständen der Urheberschaft kräht und man kaum etwas gegen den Inhalt einwenden kann, auch wenn der Spruch vielleicht längst seine Bedeutung verloren hat – selbst für jene, die ihn beständig im Munde führen.

Ich war heuer nicht dabei und habe trotzdem alles erlebt. Die Rede ist vom österreichischen Olympia des Weines. Als sich Ende Mai Menschen aus der Weinbranche, der Gastronomie, dem Handel, dem Journalismus und vor allem zahlreiche Weinliebhaberinnen und Weinliebhaber in der Wiener Hofburg zum internationalen Weinfestival *VieVinum* versammelten, lag ich röchelnd in der Horizontalen, unfreiwilliger Zeuge erbitterter Gefechte, die zwischen arg dezimierten körpereigenen Abwehrkräften und irgendwelchen händelsüchtigen Eindringlingen in meiner oberen Körperhälfte stattfanden. Die Kollateralschäden dieser Kampfhandlungen waren beträchtlich: Temporäre Anosmie und Ageusie. Zu Deutsch: Vorübergehender Riech- und

Schmeckverlust. Keine gute Voraussetzung, wenn man ausgiebig Weine verkosten möchte. Also blieb ich nolens volens im Bett, widmete mich unfreiwillig der exzessiven Nasensekretproduktion und pumpte mich zu Heilungszwecken mit Hühnersuppe voll.

Aber man hat ja ein geistiges Auge. Und das sieht fast alles. Es sieht unter anderem die stolz flatternden, von weinischen Freuden kündenden Wimpel vor der Hofburg, die lockenden Stände der Ausstellenden und die Menschentrauben in den ehrwürdigen kaiserlichen Räumen. Es sieht inmitten des Trubels stumm vor sich hin kostende Herrschaften, die sich auf eine uralte und geheime Methode des Abschottens verstehen und ihre geschulten Nasen in eigens mitgebrachte Kostgläser versenken, um in der stillen Tiefe dort, abgewandt von der lärmenden Wirklichkeit, die Finessen des Jahrgangs zu erforschen. Daneben erteilt ein leicht hysterischer Verkostungsfanatiker jedem, der ihm auch nur entfernt bekannt vorkommt und im Gegensatz zu ihm selbst noch keine satte Blaufärbung von Lippen und Gebiss aufweist, strikte Rotweinverkostungsbefehle, welche neben dem Namen des zu kostenden Weines den mehrmals und lauthals wiederholten Zusatz: „Dasmussukosdn!" beinhalten.

Aber wie soll das gehen!? Wohin führt diese önologische Tour de force!?

Jedes Mal nimmt man sich vor, dass man es diesmal anders machen, sich einen Verkostungsplan zurechtlegen und ihn auch eisern einhalten wird. Und jedes Mal schmeißt man ihn schon beim dritten oder vierten Stand schamlos über den Haufen und erliegt irgendeiner köstlich duftenden Versuchung. Und dann noch einer. Und noch einer ...

Mein geistiges Auge sieht mich selbst am Ende des Tages betont gemessenen Schrittes aus dem kühlen Inneren der Hofburg treten, einige Meter in bewundernswerter Geradlinigkeit durch die brütende Schwüle des Frühsommerabends zurücklegen, ehe ich abrupt innehalte und gleich darauf wie eine Marionette, die man sämtlicher Schnüre beraubt hat, schlackernd zusammenklappe, um mit einem erschöpften Staunen im haltlos gewordenen Blick meine Einzelteile über den leicht klebrigen Asphalt zu verteilen, unzweifelhaft bar jeglichen Vermögens, sie aus freien Stücken wieder aufzusammeln. Eine Gruppe vorbeikommender Liebhaberinnen und Liebhaber, selbst mit großer Wucht vom unbarmherzigen Wattefäustling der frühsommerlichen Temperatur getroffen, verweilt irgendwann schwankend, aber höhnisch kichernd neben mir, hievt mich schließlich mit vereinten Kräften hoch, um mich zur weiteren Behandlung in ein nahe gelegenes Restaurant zu befördern, wo man in kühner Voraussicht einen Tisch reserviert und Order gegeben hat, rechtzeitig einige Tropfen besonderer Güte zu dekantieren ...

Habe die Ehre.
In diesem Falle gilt wohl eher: *Dabei sein ist nicht alles.*

Aber sonst ist das alljährliche Weinfestival schon eine wirklich feine Sache. Beim nächsten Mal bin ich wieder dabei. Ohne Plan und Methode. Ich muss mir ja nicht zuschauen.

WILDE EHEN

„Eine Woche, mehr geht sich nicht aus. Aber immerhin: eine Woche. Ich muss los, wo ist mein Autoschlüssel?“ Meine wilde Ehefrau kramte mit einer Hand in ihrer Tasche herum, strich sich mit der anderen eine durch morgendliche Gymnastik während des zeitgleichen Frühstücks und der Zeitungslektüre widerspenstig gewordene Haarsträhne aus dem Gesicht, warf mir derweil mit dem linken Auge einen kurzen Blick zu und unterzog mit dem rechten (ohne dabei zu schielen) den Erfolg ihrer Haarordnungsmaßnahmen einer Überprüfung im Spiegel, was sie nicht davon abhielt, in ihre Schuhe zu schlüpfen. „Ich hab drei Bedingungen“, fügte sie hinzu und stieß die Haustüre auf. „Nämlich?“, fragte ich, etwas schwindlig angesichts des weiblichen Mehrprozessbetriebs (vergl. Multitasking), aber gehorsam einer eingespielten Dramaturgie für derlei Gespräche folgend. „Sonne, Meer, nicht allzu weit weg“, lautete die Antwort. „Ich bin saumäßig zu spät. Wo ist der blöde Schlüssel?“ Ich überreichte ihn ihr zusammen mit ihrem Mobiltelefon, mit welchem er die Nacht in einem halb ausgeräumten Einkaufskorb verbracht hatte. „Was hältst du von Portugal?“, fragte ich anschließend. Meine wilde Ehefrau nahm Schlüssel und Telefon mit dem entnervten Seufzen einer Mutter entgegen, deren nimmermüde Sprösslinge seit Stunden mit ihr Verstecken spielen. „Ich muss los", sagte sie. „Portugal klingt gut. Wo ist meine Geldbörse?"

Manche Szenen, die das Leben schreibt, sollte man als Autor eigentlich nicht publizieren, sofern man dem Vorwurf ausweichen will, Klischees zu bedienen. Aber gelegentlich darf man sich nicht zurückhalten, wenn man die verdammte Wahrheit und nichts als die Wahrheit ...

Ich hab den drei Bedingungen noch eine vierte hinzugefügt: *Wein*. Und während meine wilde Ehefrau an diesem regengrauen Morgen ihren Ingrimm über den alltäglichen Stau und das Sauwetter mit tröstlichen Gedanken der Vorfreude an rauschende Brandungen und sonnigsalzige Küstenwinde vertrieb, stellte ich fieberhaft strategische Überlegungen an, wie viele Weine ich in sieben Tagen wohl verkosten könnte, ohne bei meiner schönen Dame den Verdacht zu erregen, etwas von unserer hochheiligen *Quality Time* anderen Dingen des Lebens und nicht ausschließlich ihr zu widmen. Vielleicht sollte ich hier zweierlei erwähnen: 1. Meine wilde Ehefrau trinkt auch gerne Wein. 2. Unsere wilde Ehe hält schon geraume Zeit. Sie hat manches erlebt, dem ordentliche Ehen mitunter nicht standzuhalten vermögen. Ihre Haltbarkeit und Frische liegt wohl auch daran, dass jeder den anderen (einschließlich aller Eigenheiten) grosso modo einfach leben lässt.

Womit wir bei den portugiesischen Weinen wären. Im südwestlichsten Weinbaugebiet Europas haben die wilden Ehen nämlich Tradition. Seit die Phönizier vor etwa drei Jahrtausenden die ersten Reben auf der iberischen Halbinsel pflanzten, pflegt man daselbst ein Gegenprogramm zur geschmacklichen Austauschbarkeit, das in Zeiten globaler Vereinheitlichung von besonderem Reiz ist. Zahlreiche Weingärten werden seit jeher im gemischten Satz bepflanzt, was hinsichtlich der Ernten zwar vieles unvorhersehbar und vor allem unwiederholbar, aber vielleicht genau darum so spannend macht. Alte autochthone Sorten verheiratet man mit anderen (mitunter auch internationalen) – und nicht wenige dieser wilden Ehen sind aufregend und zugleich harmonisch, kraftvoll, langlebig, intensiv und unverwechselbar.

Go West, kann man nur sagen. Die Weintopografie Lusitaniens ist verheißungsvoll, seine Rebsortenvielfalt Weltrekord. Sonne und Meer sind übrigens auch reichlich vorhanden. Und alles zusammen ist nicht weit weg.

„Gute Wahl“, schnurrte meine wilde Ehefrau und strich sich zuerst gemächlich eine durch die atlantische Abendbrise widerspenstig gewordene Haarsträhne aus dem Gesicht, griff sodann nach ihrem Glas, in dem sich ein eleganter Vinho Verde aus der Region Monção befand, schwenkte es sanft und sah hernach lächelnd zu mir. „Wirklich gute Wahl.“ Sie meinte den Ferienort *und* den Wein. Und ein kleines bisschen vielleicht auch mich? Frauen können allerhand. Gleichzeitig und nacheinander. Nicht nur in der Welt der Klischees.

ARME SCHLUCKER

Wenn man (wie ich) ein humanistisches Gymnasium besucht und sich dem Studium der altgriechischen Vokabeln stets mit absoluter Hingabe gewidmet hat (wie ich nicht), dann vermag man auch Jahrzehnte nach absolvierter Matura etymologische Fragen im Schlaf zu beantworten. Zum Beispiel die nach der Herkunft des Wortes „Horizont". Ich musste nachschlagen, obschon ich den Latein- und Griechisch-Unterricht wegen unseres fabelhaften, umfassend gebildeten Lehrers, welcher regelmäßig blendend formulierte, wissensgebietsübergreifende Essays aus dem Stehgreif zum Besten gab, durchaus geliebt habe. Dem streberhaften Auswendiglernen aber war ich schon damals eher abhold. „Man muss nicht alles wissen", zeigte sich der gütige Altphilologe Roman Wunder angesichts meiner canyonartigen Vokabelwissenslücken gnädig, „man muss nur wissen, wo man nachschauen kann." Ganz genau. Streberinnen und Streber aller Länder, vereinigt euch von mir aus. Ich sitze am Boden des Canyons und blättere im Lexikon.

Der „Horizont", steht da, stammt vom griechischen Verb „begrenzen" und bezeichnet die sichtbare Trennlinie zwischen Erde und Himmel. Mit „Gesichtskreis" übersetzt, begrenzt er aber auch das geistige Fassungsvermögen der Menschen. Wie eingeschränkt dieses bisweilen ist und wie bescheuert manche Zeitgenossinnen und Zeitgenossen trotz exzessiven Strebertums sind, kann ich nach einer unlängst erlebten „Horizontale“ bezeugen.

Es ging um Rotweine aus dem Médoc, Jahrgang 1990. Blind verkostet stellte sich alsbald ein Wein als „gemeinsamer Nenner“ heraus: kräftig und trotzdem überaus elegant war er, von betörendem Duft, ausgestattet mit seidigen Tanninen. Spontane Elogen wurden von anwesenden Expertenmenschen gehalten, Nasen wurden ehrfurchtsvoll in Gläser gesenkt, man nickte wissend zu den Ausführungen der wortmächtigen Wissenden. So zeige sich eben nur der vielgepriesene Premier Cru der Appellation, hieß es von berufener Seite, ein Wein für die Ewigkeit und den köstlichsten Augenblick zugleich, ein gänzlich unverwechselbarer Tropfen von reinster Schönheit.

Umso größer war die Verblüffung, als der spendable Gastgeber schmunzelnd zur Aufdeckung schritt. Der „gemeinsame Nenner“ war nämlich ein *Troisième Cru* aus der Appellation Margaux, von dem die meisten noch nie gehört hatten. Den *Premier Cru* und drei *Deuxième Crus* hinter sich lassend, stand er als strahlender Sieger im Glase. Bis sich aus dem Schweigen die Stimmen jener erhoben, die zuvor am wortmächtigsten elogiert hatten. Nun sprachen sie erneut ein Urteil. Diesmal über den Gastgeber. Er habe wohl beim Ausschenken die Karaffen vertauscht. Ein *Premier Cru* sei ein *Premier Cru*, da bestünde ein merklicher Klassenunterschied zu den „kleineren Gewächsen“.

Der Gastgeber ging seines Schmunzelns verlustig, beharrte aber darauf, alles richtig gemacht zu haben. Eine Verkostung solcher Weine sei stets eine Momentaufnahme, fügte er leise hinzu, von den strengen Blicken der Weinstreberinnen und Weinstreber förmlich durchbohrt. Wein sei doch einer ständigen Entwicklung ausgesetzt, einmal verschlossen, dann wieder offen und zugänglich, je nach Tagesverfassung. „Kann nicht sein", erwiderte die Weinwissenshüterschar unisono und apodiktisch. Und was nicht sein kann, kann nicht sein.

Ich saß schweigend daneben, durch den horizonterweiternden Duft des unverschämten Tagessiegers in andere Welten entführt und zugleich ganz am Boden der Realität. „Experten", hat Winston Churchill einmal festgestellt, „sind Leute, die hinterher genau sagen können, warum ihre Prognose nicht gestimmt hat." Manchmal können sie nicht einmal das. Sie garnieren ihre Expertisen bloß mit reichlich Hybris und geben einem das Gefühl, dass man selber beständig auf Nudelsuppen daherschwimmt.

Ich saß da und sah den geringen geistigen Horizont von Leuten, die unbedingt immer recht behalten müssen, statt einzuräumen, dass Irren menschlich ist. Sie hätten den köstlichsten Augenblick eines Weines für die Ewigkeit genießen können, der einfach in jeglicher Hinsicht gewinnend war. Stattdessen haben sie im Bestreben, ihr Gesicht nicht zu verlieren, ihren Gesichtskreis verengt. Arme Schlucker. Im wahrsten Sinne des Wortes.

VORSÄTZE

Ich werde demnächst meinen Weinkeller völlig neu ordnen, werde einige kostbare Flaschen von links nach rechts und andere wiederum von rechts nach links räumen, dies aber alsbald wieder sein lassen und sodann niemals wieder den Versuch unternehmen, meinen Weinkeller völlig neu zu ordnen.

Ich werde ganz besondere Flaschen, nachdem ihr Inhalt mich während des Genusses in wahrhaftes Entzücken versetzt hat, zur Erinnerung sorgsam aufheben und sicherheitshalber mit Warnschildern („ENTSORGUNG BEI DRAKONISCHER STRAFE VERBOTEN!") versehen. Und mit all jenen, welche sich erdreisten, diese Flaschen dennoch gemeinsam mit dem anderen schnöden Leergut zu entsorgen, werde ich nie wieder ein Wort sprechen, sondern nur mehr Schlitten fahren.

Ich werde die nächste Person, die mir skrupellos einen schändlich falsch temperierten Wein unter die Nase hält, standrechtlich entkleiden und hierauf nackt in ein Eiswasserbecken schmeißen bzw. in die traditionell fellgefütterte Bekleidung der indigenen Volksgruppen Zentral- und Nordostkanadas zwingen, um sie anschließend in eine mörderisch überheizte Sauna zu jagen. Je nachdem, ob der Wein zu kalt oder zu warm serviert wurde.

Ich werde nicht mehr in Verkennung meiner finanziellen Verhältnisse regalweise sündhaft teure Fachbücher über Önologie käuflich erwerben, die ich in Wahrheit keineswegs wirklich lesen, aber unbedingt haben muss.

Ich werde nicht halbe Tage bei konstanten zwölf Grad Celsius und bei schwacher Beleuchtung katatonisch in meinem Keller verharren oder daselbst in Tränen bitterster Seelenpein ausbrechen, weil ich mich ums Verrecken nicht entscheiden kann, welcher Wein zu dem Essen passt, das ich gerade gekocht habe, während oben im Erdgeschoß besagtes Essen verkocht, verschmort, verbrennt oder von Menschen verzehrt wird, die schon vor langer Zeit aufgegeben haben, meine kolossal extensiven, maßlos ausgedehnten, uferlos langwierigen und gänzlich unabsehbaren Entscheidungsfindungsprozesse zu verkürzen oder wenigstens zu verstehen.

Ich werde nicht länger massive missionarische oder gar inquisitorische Aktivitäten entfalten, wenn es darum geht, Zeitgenossinnen und Zeitgenossen dazu zu bekehren, Weine verdammt noch mal nicht zu jung zu trinken.

Ich werde meine sich ständig ändernde Bewertungsmethode, welche neben den herkömmlichen Punkten auch Symbole wie Sterne und Sonnen und Monde und Wellen und andere bisweilen völlig kryptische Kürzel enthält, deren Bedeutung mir meist kurz nach ihrer Erfindung schon wieder entfallen ist, einer gnadenlosen Evaluierung unterziehen und zwecks größerer Übersichtlichkeit schweren Herzens auf einige Kürzel verzichten.

Ich werde nie wieder pathologisch unersättlichen und maßlosen Fressern und Säufern ledergebundene Ausgaben von Jean Anthèlme Brillat-Savarins Lebenslehre *Die Physiologie des*

Geschmacks um die Ohren hauen oder wenigstens zur Lektüre aufnötigen, um sie reumütig innehalten und die gastrosophische Einsicht gewinnen zu lassen, dass Fresser und Säufer nichts vom Essen und Trinken verstehen (können).

Ich werde Räume mit Klimaanlagen, wo in mörderisch staubtrockener, chemisch kühler Luft eine Verkostung exquisiter Weine stattfinden soll, mit blutunterlaufenen Augen und einer beginnenden Erkältung zur Sprengung empfehlen, nachdem ich mich vergewissert habe, dass die Weine in Sicherheit gebracht wurden.

Ich werde nie wieder eine Menschenseele für alle Zeiten verwünschen, die ihre edlen Weingläser mittels irgendwelcher Killerspülmittel reinigt (ohne sie anschließend wenigstens mit klarem Wasser gründlich nachzuspülen), ehe die Gläser in den Gläserschrank gestellt werden, wo sie samt anhaftender Spülmittelreste in erbarmungswürdigem Zustand vor sich hin vegetieren, um mir bei nächstbester Verwendung den Genuss eines schönen Weines durch Beigeschmack, Beigeruch und die diversen übrigen Nebenwirkungen von Monsterduftstoffen, Tensiden und anderem Teufelszeug zu versauen.

Ich werde alle diese Vorsätze nicht in die Tat umsetzen können.

Bis auf diesen: Ich werde in diesem Jahr wieder Weine kaufen, Weine einlagern, Weine genießen. Ich werde es alleine und – sofern es möglich ist – noch viel öfter gemeinsam mit anderen Menschen tun, die sind, was ich bin: *Liebhaber.*

Annus jubilaeus

„Sechsundachtzig“, sagt der Mann und schüttelt den Kopf, als könne er es selbst kaum glauben. „So alt wurde bei uns in der Familie kaum einer.“ Er wiederholt die Zahl halblaut. „Sechsundachtzig. War auch das Jahr, in dem ich neu anfangen musste, nach dem Skandal. Dabei war ich da schon ein alter Mann.“ Er deutet mit einer knappen Handbewegung ringsum. „In diesen Hügeln wird man schnell alt.“

Eine Begegnung im Piemont, am Fuße der Berge. Das verwitterte Gesicht eines alten Weinbauern im Licht der vormittäglichen Sonnenstrahlen, die durch die Reste des Morgennebels brechen. Sein Barbaresco im Glas: eine Fassprobe, überaus vielversprechend. Gelagert in großen Fässern aus slowenischer Eiche, bereits mit guter Länge ausgestattet, wenn auch noch von jungen Tanninen bestimmt.

„Waren immer Bauern, meine Leute. Schon seit den *Liguri*. Der Hang dort drüben, seht ihr? *Sori del mattino*, Südostlage, alles für den Barbaresco. Da hat mein Vater einmal ein paar seltsame Sachen gefunden. Pfeilspitzen aus Feuerstein und sowas. Hat sie meinem Bruder geschenkt, aber der Idiot hat sie irgendwann verloren. Was wollte ich erzählen?“ Er zuckt mit den Schultern.

„Sechsundachtzig", sagt er kurz darauf und nickt. „Drüben bei Asti kannte ich einen, der hat damals sein Zeug einfach in den Tanaro gekippt, bevor die Carabinieri kamen. Abertausende Liter. Und er war nicht der Einzige. Bin an einem der Abende am Fluss entlanggefahren. Der war ganz rot. Aber nicht von der untergehenden Sonne. Drüben im Veneto haben sie in dem Jahr ein Angelverbot für den Piave verhängt. Das Gesundheitsamt in Venedig. Die meinten, die verfluchten Fische hätten zu viel Methanol geschluckt, die könne man beim besten Willen nicht mehr fressen."

Er legt den Kopf ein wenig schief, sein Nacken schmerzt, er blinzelt hinüber zu seinem Weinberg. „Dannatamente." Man weiß nicht, verdammt er sein Alter oder den Skandal von 1986, als mit Methanol versetzte Flaschen aus *Bella Italia* im Umlauf waren, als über hundert Menschen durch vergifteten Wein ihr Augenlicht verloren, andere schwere Gesundheitsschäden erlitten oder sogar starben.

Hierzulande hatten wir unser skandalöses Jubiläum schon im letzten Jahr. Manche meinen, der Frostschutzmittel-Wein-Skandal vor einem Vierteljahrhundert war das Beste, was dem österreichischen Wein passieren konnte. Seit ein paar Leute so gierig, kurzsichtig und hemmungslos waren, ihre faden Weißen mithilfe von Diethylenglykol in ölig-süße Spätlesefälschungen zu verwandeln und der Export nach Bekanntwerden dieser Machenschaften fast komplett zusammenbrach, ist ein echtes Wunder geschehen. Andere sagen, der heimische Wein hätte auch ohne diesen weltweit ausufernden Skandal seine Qualität gesteigert, vielleicht sogar viel rascher – und vor allem ohne dass zahlreiche Betriebe unverschuldet draufgegangen wären.

Irgendwo läuft immer irgendwas aus dem Ruder. Millionen Liter gepanschter Weine, oft nur zu einem Fünftel aus Rebsaft bestehend, kommen in Umlauf, Herkunfts- und Markenbezeichnungen werden gefälscht, Jahrgänge mit hochgiftigen, krebserregenden Stoffen versetzt. Es geht um Senkung von Produktionskosten, um größere Profite. Die Gier ist ein Hund. Wenn es auffliegt, beschlagnahmen die Behörden Millionen Flaschen, Verkaufszahlen fallen ins Bodenlose, Existenzen werden zerstört.

Bordeaux-Weine, mit Erdnussöl „verbessert", um ihnen den sauren Geschmack zu entziehen? Kräftige italienische Rote – hergestellt aus billigem Methylalkohol, Zucker, Leitungswasser und Rinderblut? Unerlaubt aromatisierte Sauvignon blancs aus Südafrika?

„Genügen immer ein paar wenige, um ganz viele zu schädigen", sagt der alte Mann leise und steht langsam auf. „War immer so, wird immer so sein. Und wir anderen müssen damit leben. Müssen neu anfangen, noch umsichtiger sein. Gibt nichts zu feiern heuer. Gibt nur die Arbeit, die getan werden muss. Und den neuen Wein." Er nimmt sein Glas, blickt noch einmal zum *Sori del mattino* hinüber. „Ist nur Nebbiolo von da drüben", sagt er, „sonst nichts."

ZWISCHENBILANZ

In meiner ersten Kolumne für diese ehrenwerte Zeitschrift habe ich eingangs festgehalten, dass mein Bauch gepinselt ist, weil ich, umgeben von lauter Expertinnen und Experten, als Kolumnist fungieren darf. Meine Funktion, so die Mutmaßung, die sich inzwischen zur Gewissheit verdichtet hat, soll die des Kontrapunktes sein. Ich war damals kein Weinexperte, bin heute keiner und werde nie einer sein. Ich war, bin und bleibe passionierter Dilettant. Um es sanfter auszudrücken: Liebhaber. Das aber immerhin mit großer Leidenschaft.

Inzwischen schreibe ich meine fünfzehnte Kolumne. Ein kleines Jubiläum. Ich schreibe, wie in Nr. 1 angekündigt, worüber ich möchte, als Jünger der Vielfalt und erklärter Feind apodiktischer Befunde. Es macht zum einen veritable Freude und zum anderen jenes angemessene Maß an Mühe, das nach getaner Arbeit für verdiente Befriedigung sorgt. Und natürlich ist es angenehm, wenn man den Eindruck hat, dass die Leserschaft einem wohlgesonnen ist. Aber weiß man es? Nein. Man hat vielleicht den Eindruck, aber der besagt möglicherweise nicht viel.

Winzerinnen und Winzer wissen, ob ihre Arbeit Anklang findet. Wenn die Nachfrage größer ist als das Angebot, machen sie offenkundig nicht alles falsch. Ob eine große Nachfrage bezüglich meiner kolumnistischen Erzeugnisse besteht, vermag ich nicht zu beurteilen. Um nicht falsch verstanden zu werden: Ich fische hier nicht nach Komplimenten. Aber sehr wohl nach Reaktionen.

Natürlich ist nicht jedes Echo gleichermaßen willkommen. Gelegentlich gerate ich zum Beispiel an Zeitgenossinnen oder Zeitgenossen, die partout meinen, sie müssten mir beweisen, dass sie weit mehr als ich von Wein verstehen, obwohl sie bitteschön keine Artikel in einer Zeitschrift absondern. Ab und zu werde ich, wie bereits in einer früheren Kolumne beschrieben, bei Einladungen als „großer Weinkenner" angekündigt (bzw. gebrandmarkt) und sodann unbarmherzig ins beinharte kompetitive Gerangel anderer Weinkenner hineingezogen, die unbedingt demonstrieren wollen, dass sie mich beim Blindverkosten aufblatteln können wie nix. Manchmal umsorgt mich in gastronomischen Betrieben auch hochmotiviertes Servicepersonal, das sich berufen, gezwungen oder dazu ausersehen fühlt, mir (dem Kolumnisten = Experten) im Minimum halbstündige Vorträge über jenen Wein zu halten, den ich gerade ausgesucht habe.

Ich bemühe mich stets, diesen Vorträgen ohne Wimpernzucken, mit freundlich-interessierter Miene und Engelsgeduld zuzuhören und lasse die bemühten Menschen allein schon deshalb gewähren, weil sie es schließlich gut meinen und weil ich an meine wilde Ehefrau denke, die sich von mir nicht selten überlange, mit sämtlichen mir zur Verfügung stehenden Fachwissenpartikeln gespickte und mit weihevoller Stimme vorgetragene Vorträge über die Weine anhören muss, die ich ihr gnädig offeriere, statt dass ich die Klappe halte und meine schöne Dame einfach genießen lasse. Oder zumindest vorab frage, ob sie was zum Glasinhalt wissen möchte.

Aber all das trübt die Freude an meiner Tätigkeit für diese Zeitschrift nicht. Oder kaum. Die Zwischenbilanz fällt eindeutig positiv aus. Ich fühle mich nach wie vor geehrt, meiner Liebhaberei an dieser Stelle regelmäßig Ausdruck verleihen zu dürfen. Was ich aber vor allem sagen will: *Reaktionen sind willkommen.* Ich bin immer hocherfreut, wenn mir jemand was schreibt, nachdem ich was geschrieben habe. Hin und wieder spricht mich auch ein Mensch auf meine Kolumnen an. Das ist nicht nur schön, sondern zudem meist aufschlussreich. Und das gilt selbstverständlich auch dann, wenn die Stimme kritisch ist. Solange es ein konstruktiv gemeinter Widerhall ist, gereicht er zum Vorteil.

Demgemäß bin ich für alles offen: für Fingerzeige, Ratschläge, Anregungen, für Kritik und Zuspruch gleichermaßen. Und ich denke, die meisten meiner Kolleginnen und Kollegen, die hier publizieren, denken ähnlich. Man weiß einfach gerne, ob wirklich Nachfrage besteht. Man macht ja schließlich auch keine Rechnung ohne den Wirt. Und als Kolumnist keine Zwischenbilanz ohne die Leserschaft.

ALTE LIEBE

Angeblich stammt das Sprichwort, demzufolge alte Liebe nicht rostet, aus Italien. Das trifft sich gut, denn meine Liebe zu diesem Land hat niemals Rost angesetzt, obwohl sie zahlreichen Bewährungstests ausgesetzt war.

Sie blieb trotz des Infernos an Missständen in Städten wie Neapel oder Palermo von den Verheerungen der Korrosion verschont. Sie oxidiert nicht beim Anblick von achtlos in die schönste südliche Landschaft geschmissenen Kühlschränken oder angesichts der epidemischen Verbreitung einer Krankheit, welche die Peripherie jeder italienischen Stadt befällt und deren Symptom die gnadenlose Verbauung freier Bauflächen mit apokalyptisch hässlichen Möbelhäusern und Fliesengroßmärkten ist. Sie bleibt frei von Verwitterung, obwohl man eine ganze Reihe von Kasperlregierungen in Rom kommen und gehen und insbesondere in jüngerer Zeit einen Oberkasperl ungebührlich lange bleiben sehen musste. Einen Oberkasperl, der nur dann zum Lachen ist, wenn einem die Grundsätze der Demokratie und des Rechtsstaates so grundsätzlich wurscht sind wie ihm selbst.

Das Land ist in all seiner Vielfalt einfach wunderschön und macht es einem leicht, es rostfrei zu lieben. Die Bewohner machen es einem zwar bisweilen schwerer, aber sie bringen in Sachen Kultur und Lebensart immer wieder so Großartiges hervor, dass man sie nicht lange mit Liebesentzug zu strafen vermag.

Italien ist ein Land der Gegensätze. Das gilt in besonderem Maße für seine nördlichste Region. Wenn ich durch Meran spaziere und die Palmen vor dem Hintergrund der schneebedeckten Berge sehe, dann ist die alte Liebe so taufrisch wie vor vielen Jahren, als ich als reisender Gymnasiast zum ersten Mal Alpines und Mediterranes in lässiger Harmonie Hochzeit feiern sah. Diese Liebe hat natürlich auch mit den famosen Genuss- und Lebensmitteln Südtiroler Provenienz zu tun – insbesondere mit einer der ältesten Rebsorten Europas, die auf etwa zehn Prozent der Südtiroler Anbaufläche wächst: dem Gewürztraminer.

In einem formidablen Restaurant in den Dolomiten saß ich einmal nicht weit genug von einem beflissenen Menschen aus Stuttgart entfernt, der mir ungefragt erklärte, der Gewürztraminer stamme nicht, wie zumeist fälschlich behauptet werde, aus dem Südtiroler Dorf Tramin, sondern vielmehr aus dem Raum Stuttgart.

Soll sein. Oder nicht sein. Ich habe den schulmeisternden Schwaben vor sich hin schwäbeln lassen und ihm nicht einmal mehr mit halbem Ohr zugehört, nachdem er allen Ernstes verlauten ließ, dass er aus Gründen des württembergischen Patriotismus zwar eigentlich dazu verpflichtet wäre, Gewürztraminer zu trinken, diesen aber aufgrund seiner aromatischen Nähe zu einem aufdringlich eindimensionalen Rosenwässerchen nicht leiden könne.

Der ladinische Kellner, der den schwäbischen Monolog mitbekommen hatte, servierte kurz darauf wortlos ein Glas Weißwein zum Krustentiergericht. Der Schwabe verkostete überaus kritisch und brach hernach in überschwängliche Lobgesänge aus. So müsse Weißwein sein, verkündete er lautstark. Frisch, mineralisch, ausgewogen, tiefgründig und von knochentrockenem Aroma. Der Kellner nickte zustimmend. „Wie der Gewürztraminer da", sagte er und deutete auf das Glas, das der verblüfft verstummte Gast aus Stuttgart in der Hand hielt. „Geht aufs Haus, das Rosenwasser", fügte er in ladinischer Sprache hinzu und ließ den schwäbischen Experten mit seiner gastrosophisch-önologischen Schande allein.

So etwas liebe ich. Woher eine Rebsorte stammt, ist nämlich selten von entscheidender Bedeutung. Wichtig ist, was man aus ihr macht. Die Weine, die in den Anbaugebieten rund um Bozen und Meran, in den Tälern von Etsch und Eisack, im Vinschgau oder im Unterland reifen, gehören zum Allerbesten, was man als Weißweinliebhaber bekommen kann. Und dabei ist die Traminer-Rebe, aus der durch Kreuzungen so wichtige Rebsorten wie Sylvaner oder Riesling hervorgegangen sind, beileibe nicht alles, was Alto Adige zu bieten hat. Die Südtiroler Produktvielfalt ist im Gegenteil geradezu verblüffend.

Meine alte Liebe rostet nicht. Kein Wunder, denn solche Erlebnisse und solche Weine erhalten sie jung. Auch und gerade in einem Land der Gegensätze.

WEIN UND WETTER

Du wirst alt. Mit diesem zutiefst erschütternden Satz, der nichts weniger als meine in Bälde zu erwartende Agonie ankündigt, beantwortete unlängst an einem verregneten Sommernachmittag eine unverschämt junge Person (unsere Tochter) unverblümt meine vorangegangene Beschwerderede über das deprimierende Gelenkschmerzenwetter. Mir blieb die Spucke weg. Können Kinder wirklich so grausam, ohne Mitleid, barbarisch ungehobelt und herzlos apodiktisch sein? Sie können. Auch und gerade die eigenen. Eine mehrere Tausend Jahre alte Keilschrift aus der altsumerischen Stadt Ur besagt, dass das Ende der Welt nahe ist, weil die Jugend den Eltern keinen Respekt mehr zollt. Die Erkenntnis ist ein uralter Hut. Aber die Sumerer (zumal die älteren Semester unter ihnen) haben sich schlichtweg geirrt. Die Welt ist nicht am Ende, bloß weil einem die Jungen reinen Wein einschenken.

Meine Tochter hat mir die Wahrheit gesagt, nichts als die Wahrheit. Das ist weder barbarisch noch herzlos. „Der größte Fehler, den die Jugend von heute hat, ist der, dass man nicht mehr zu ihr gehört", hat Salvador Dalí für alle Zeiten erkannt. Mein (übrigens innig geliebtes) Töchterchen könnte zwar wenigstens einen Hauch Mitgefühl heucheln, aber ich hatte ihre barsche Aussage unzweifelhaft provoziert und darum auch verdient. Über das Wetter lamentiert man nicht. Das tun nur alte Leute. Oder Menschen, die sich beim Small Talk nichts zu sagen haben. Oder Weinliebhaber.

Wie kann man in meteorologisch seltsamen Zeiten wie diesen nicht übers Wetter reden!? Es macht einen global meschugge. Und bei mir ist lediglich die Stimmungslage von der Wetterlage abhängig. Winzerinnen und Winzer stellt der weltweite Klimawandel vor ganz andere, weitaus schwerer wiegende Probleme und Herausforderungen. In den nördlichen Weinbauregionen Europas freut man sich zum Teil noch über den Temperaturanstieg, der die Reife beschleunigt und für manche Sorten und Anbaugebiete durchaus Vorteile bringt. Weinreben besitzen ein gutes Anpassungsvermögen. Das gilt aber nicht für jede Sorte und nicht überall. Autochthone Gewächse haben oft lange gebraucht, um sich auf die speziellen Verhältnisse ihres Standortes einzustellen und die Typizität ihres *Terroirs* zum Ausdruck zu bringen. Für sie bedeutet die globale Erwärmung auf lange Sicht wenig Gutes.

Zahlreiche klimabedingte Gefahren bedrohen alle, nicht nur die früh reifenden Sorten. Die Liste ist lang: Bodenerosion durch Starkniederschlag, Trockenstress, Säureabfall, verringerte Aromaausprägung, unerwünschter Botrytisbefall, Essigfäule, Fehltöne, Extraktmangel, geringerer Mengenertrag, untypische Alterung. Durch zunehmende UV-B-Strahlung lagern sich Gerbstoffe in den Beerenschalen ein, welche die Qualität vermindern. Es kann zu einem vermehrten Auftreten von Schaderregern kommen, Zikaden übertragen Krankheiten wie die *Goldgelbe Vergilbung*, die zum Absterben der Rebstöcke führt.

Feuchtwarme Witterung begünstigt Pilzkrankheiten und bakterielle Infektionen.

Die globale Erwärmung verändert die Pflanzenentwicklung. Vor einiger Zeit besuchte ich den Weingarten eines befreundeten Winzers. Nach ungewöhnlich kühlen Tagen herrschte tropische Hitze, das Thermometer zeigte bereits am Vormittag weit über 30 Grad Celsius. Die Schäden an Beeren und Blättern waren nicht zu übersehen. Der ganze Weingarten hatte heftigen Sonnenbrand. Nach der Rebblüte hatten die Beeren sich (zu) rasch entwickelt und waren insgesamt nicht sonderlich abgehärtet. Im Frühjahr heftige Fröste und abfrierende Jungtriebe, im Sommer tropische Wetterkapriolen mit Unwettern, Hagelstürmen und einer Temperaturachterbahn. Kaum eine Weinbauregion bleibt von Wetterschäden verschont. Komplette Jahresernten fallen mancherorts aus.

Ich finde, man muss und man sollte sich regelmäßig über das Wetter unterhalten. Und natürlich mit vereinten Kräften und Köpfen darüber nachdenken, wie sich Wein und Menschheit den veränderten Bedingungen anpassen könnten, wie wir zukünftige Schäden begrenzen und manches vielleicht global reparieren können. Damit wir nicht alle bald total alt aussehen, wenn wir über Wein und Wetter reden.

JUNGER WEIN UND ALTE HÜTE

Kein Mensch kann bekanntlich aus seiner Haut, selbst wenn er oft aus ihr fahren möchte. Man ist, wie man ist, obgleich sich einem, wie der dialektisch versierte Dichter und Sänger Wolf Biermann einmal festgestellt hat, durchaus die Option bietet, man selber zu bleiben und ein anderer zu werden. Dieses Unterfangen ist allerdings eine Lebensaufgabe, die sich gewaschen hat. Man muss ihr unermüdlich nachgehen, ohne sie jemals zur Gänze erfüllen zu können. Aber so ist das eben mit der Dialektik.

Zurück zum Fahren aus der eigenen Haut. Als Weinliebhaber möchte ich das zum Beispiel dann, wenn mir der Geduldsfaden mit einem höchst unangenehmen Schnalzen reißt, weil manche Mitmenschen so etwas wie Geduld gänzlich vermissen lassen. Ich rede von den Vielzujungweintrinkern.

Zugegeben, das ist ein Unwort. Aber es sind ja auch Untaten begehende Unholde, die es beschreibt. In kindsmörderischer Absicht fallen sie, von Gier und/oder Ehrgeiz und/oder Unwissenheit getrieben, mit schrecklicher Regelmäßigkeit über sämtliche verfügbaren Weine des jüngsten Jahrgangs her, um sie ungeachtet ihrer Jugend, ihres nicht selten noch vom Abfüllen leicht geschockten Zustands und vor allem in schnöder Missachtung ihres Reifepotenzials gnadenlos wegzubechern. Es ist ein jährlich wiederkehrendes, so vertrautes wie furchterregendes Ritual, dem beizuwohnen mir den Aufenthalt in meiner Haut zur veritablen Qual macht.

Zugegeben, ich übertreibe. Aber nicht maßlos. Wenn ich bei privaten Einladungen die Gastgeber skrupelfrei Bouteillen öffnen sehe, deren Inhalt sich frühestens in ein paar Jahren dorthin entwickelt haben wird, wo man langsam von beginnender Trinkreife sprechen kann, dann muss ich an mich halten, um nicht gequält aufzuschreien. In öffentlichen Speiselokalen, sobald die Gäste an benachbarten Tischen ein blutjunges Weinwesen zur Opferung bestellen, verhält es sich ähnlich. Manchmal schreite ich in solchen Fällen beherzt ein, reiße überraschten und hernach meist konsternierten Leuten die bedrohte Flasche im letzten Augenblick aus den Händen, breche unvermittelt in wortmächtige und von missionarischem Geist beseelte Vorträge über die Notwendigkeit der Reifung aus und bin schwer versucht, anschließend mit der geretteten Flasche abzuhauen, um sie an einem sicheren Ort zu verstecken, wo sie innerhalb der nächsten Jahre garantiert keiner von den Killern finden kann. Natürlich sind solche Rettungsaktionen nicht nur in juristischer Hinsicht problematisch.

Ich weiß schon, es gibt Weine, die dürfen, die sollen sogar jung getrunken werden. Es gibt auch Weine, die einem bereits im zartesten Alter ein derart famoses Trinkvergnügen bereiten, dass man schon übermenschliche (sprich: Engels-)Geduld besitzen muss, um ihnen widerstehen zu können. Sie sind glorios in ihrer Jugend, ebenso (wenn auch anders) glorios im mittleren

Alter und nicht weniger (und wiederum anders) glorios als gereifte Tropfen.

Ich weiß aber auch, dass furchtbar viel Wein zu jung getrunken wird. Selbst auf den Weinkarten ausgezeichneter Restaurants findet nicht selten ein wahres Gemetzel unter den Allerjüngsten statt. Oft werden nur der letzte und höchstens noch der vorletzte Jahrgang angeboten. Ältere Jahrgänge findet man so gut wie keine, die wurden ja schon im Kindesalter gemeuchelt. Manche Enthemmte würden die Jungweine wohl am liebsten aus den Fässern pipeln, nur um bei nächster Gelegenheit verkünden zu können, sie hätten alles schon längst und somit vor den meisten anderen verkostet. Das ist kindisch. Und kurzsichtig. Und dumm.

Es ist ein alter Hut, dass Jugend unreif ist. Ich mag solche alten Hüte eigentlich nicht besonders. Dieser aber sitzt und passt – im önologischen Zusammenhang jedenfalls. *Lasst mehr Weinen mehr Zeit,* lautet die simple Botschaft. Ich wünsche mir aufrichtig, dass in Zukunft, sei es in der Gastronomie oder sonstwo, die Zahl derer steigt, die ihre Gäste und Mitmenschen auf den Geschmack der Geduld bringen. Es zahlt sich aus. Für beide Seiten.

DAS WAHRE LEBEN

Fast alle Mexikaner lieben Musik, feiern bei jeder Gelegenheit eine Fiesta, lachen über den Tod, verehren die dunkelhäutige Jungfrau von Guadalupe und trinken Bier, Mezcal oder Tequila. Falsch. Fast alle Mexikaner lieben Musik, feiern bei jeder Gelegenheit eine Fiesta, lachen über den Tod, verehren die dunkelhäutige Jungfrau von Guadalupe und trinken neben Bier, Mezcal, Tequila und anderen Getränken auch Wein. Vor allem erzeugen manche von ihnen Rebensäfte, die sich wahrlich mit großem Genuss trinken lassen. Ich darf, wie ich meine, in diesem Fall behaupten, dass ich weiß, wovon ich rede. Ich war kürzlich im Land und hab selbstverständlich einheimische Weine verkostet.

Der mehrwöchige Besuch der Estados Unidos Mexicanos war wie beinahe alle Reisen: eine „Veredelung des Geistes" (Copyright by Oscar Wilde). Man durchlüftet das Gehirn und räumt ordentlich mit diversen Vorurteilen auf. Ich mag grundsätzlich keine apodiktischen Aussagen, jedenfalls keine, die ohne wirkliche Begründung daherkommen und jeglichen Widerspruch unbarmherzig aus dem Weg fegen. Ich mag auch keine Vorurteile, weil sie Apodiktisches in die Welt setzen und meist so tun, als wäre die betreffende Meinung gründlich reflektiert, was in der Regel nicht der Fall ist. „Ein Urteil lässt sich widerlegen, aber niemals ein Vorurteil" hat Marie von Ebner-Eschenbach in ihren *Aphorismen* (auch ein wenig apodiktisch) konstatiert. Das trifft vielleicht oft zu, aber nicht immer. Ich vertraue der geschätzten Leserschaft dieser ehrenwerten Zeitschrift. Menschen sind fähig, ihre Vorurteile zu korrigieren. Falls die Leserschaft nicht ohnehin klüger und informierter ist als ich, was durchaus im Bereich des Höchstwahrscheinlichen liegt, gestatte ich mir hiermit, eine Lanze für mexikanische Weine zu brechen.

Immerhin soll dies ja eine Kolumne zu einem önologischen Thema und nicht ein flammender Appell für politische Korrektheit sein. Der Begriff ist längst so abgegriffen wie die Haltegriffe in öffentlichen Verkehrsmitteln. Bei der Vorstellung, ihn angreifen oder gar in den Mund nehmen zu müssen, bekommen inzwischen manche – psychosomatisch bedingt – allergische Schübe, nässende Ausschläge oder heftiges Gliederzucken, da sie an die Fantastilliarden von geistigen Bakterien denken, die sich auf diesem Begriff tummeln. Tja.

Ich mag also keine Vorurteile, hab aber bedauerlicherweise auch welche. Eines davon lautete: In Mexiko trinkt man mehrheitlich Agavenschnäpse und Cervezas. Nach wenigen Tagen auf mexikanischem Boden habe ich in Eigeninitiative reumütig und energisch zugleich gegen dieses lang gehegte (Vor-)Urteil Nichtigkeitsbeschwerde eingelegt. Mein Urteil lautet jetzt: Man trinkt in Mexiko auch Wein. Immer mehr sogar. Und immer besseren.

Da gab es zum Beispiel einen Weißen aus dem Valle de Guadalupe im Weinbaugebiet Baja California nahe der pazifischen Küste, der war, wie man so schön sagt, ein Gedicht. Moscato de Canelli, Chardonnay und Sauvignon blanc ergaben ein kleines mexikanisches Weinwunder mit den allerschönsten floralen Noten, einen außergewöhnlichen und unverwechselbaren Wein, der mir tropisch fruchtig, honigintensiv und zugleich gekonnt ausbalanciert lange im Gedächtnis bleiben wird.

Seit dem 16. Jahrhundert wird in Mexiko Wein angebaut, das Land war die erste Weinbauregion des amerikanischen Kontinents. Warum soll den mexikanischen Winzerinnen und Winzern nicht gelingen, was der kalifornischen, chilenischen und argentinischen Kollegenschaft gelingt? Sie erzeugen sehr gute trockene Weine. Mexiko wurde von der Reblaus verschont; das bedeutet, es gibt auch resistente einheimische Sorten, die äußerst interessant sind. Sicher, man muss in vielen Gastbetrieben und Geschäften den Wein erst einmal suchen, die Gläserkultur ist zum Teil grauenerregend, und wenn man das Servicepersonal nach Empfehlungen fragt, erntet man oft nur ein Achselzucken oder ein etwas hilfloses Lächeln. „Jeder Wein auf der Karte", meinte ein Kellner in Oaxaca offenherzig, „ist der beste Wein, den das Lokal zu bieten hat." Naja, ausprobieren. Abenteuer, Neugier und die Suche nach dem Unbekannten. Das ist das wahre Leben.

DIE ENTSCHEIDUNG

6 Uhr 29. Ich haste außer Atem einen endlos scheinenden Gang entlang. Weiße Wände, grauer Fußboden, zu beiden Seiten Türen, allesamt verschlossen und ohne jeglichen Hinweis darauf, was sich hinter ihnen verbirgt. Kein Schild, keine Nummer, nichts. Trübes Licht fällt durch eine Fensteröffnung in der Decke. Meine Schritte hallen von den Wänden wider. Ich weiß nicht, was ich hier soll.

Ich halte vor einer der Türen inne, klopfe an und warte. Nichts geschieht. Ich klopfe erneut an, drücke die Klinke nieder, die Türe ist verschlossen. Ich laufe zur nächsten, hämmere in der Folge wahllos an Türen und fordere schreiend Einlass. Vergeblich. Ich bleibe stehen. Stille. Nur mein eigener Atem ist zu hören. Ich weiß, dass Türen nicht grinsen können, bin mir aber nicht ganz sicher, ob dies auch für die Türen in diesem Gang gilt. Das Licht scheint immer trüber zu werden. Ich schüttle den Kopf. Das kann alles nicht wahr sein.

Meine Hände zittern. Ich suche nach meinem Mobiltelefon, um Hilfe zu rufen, finde aber lediglich ein zerknülltes Blatt Papier in der Hosentasche. In einer Handschrift, die ich als meine eigene erkenne, steht da das Wort *Tafelspitz* geschrieben. Etwas wie die Erinnerung an eine Aufgabe huscht durch meinen Geist.

Zu flüchtig, um sie festhalten zu können. Meine Knie beginnen zu schlottern. Ich will mich zusammenreißen, sinke aber stattdessen auf den Fußboden und weiß nicht, ob ich schreien oder weinen soll. Seltsamerweise muss ich plötzlich singen. Mit überraschend fester Stimme intoniere ich das bekannte Couplet „Es wird a Wein sein". Das Licht scheint wieder heller zu werden. Ich vermeine Geigenbegleitung zu hören und könnte schwören, einen Sonnenstrahl auf meinem Gesicht zu spüren. Plötzlich muss ich niesen. Danach herrscht erneut völlige Stille. Das Licht wird wieder trüber und ich erinnere mich ums Verrecken nicht mehr, was für ein Lied ich gerade gesungen habe.

Ein biblischer Zorn erfasst mich. Ich springe auf und brülle mit Donnerstimme, dass hier endlich eine Entscheidung getroffen werden müsse. Kaum ist meine Stimme in der endlosen Flucht des Ganges verhallt, höre ich ein entferntes Rufen und spüre eine Berührung an meiner rechten Schulter. Ich wirble herum. Niemand ist zu sehen. Wieder höre ich das Rufen, wieder berührt mich etwas. Ich werde hysterisch. Dann wird mir schwarz vor Augen. Jemand ruft mehrmals hintereinander deutlich meinen Namen. Ich reiße die Augen auf und sehe das Gesicht meiner Frau vor mir. „Wach auf", ruft sie. „Alles okay." Sie nimmt ihre Hand von meiner rechten Schulter und streicht mir durchs schweißnasse Haar. „Alles okay." Dann greift sie nach meiner Armbanduhr, die neben dem Bett liegt. „6 Uhr 30", sagt sie seufzend. „Bisschen früh, oder?"

Durch das offene Fenster fällt das helle Licht der Morgensonne, die Vögel geben ein Konzert und die Luft riecht nach Frühling. Ich springe aus dem Bett und schüttle grinsend den Kopf. Ein Albtraum, nichts weiter. Alles okay. Ich schlüpfe in meine

Hose. Etwas knistert in meiner Hosentasche. Ich greife hinein und ziehe ein zerknülltes Blatt Papier heraus. In einer Handschrift, die ich als meine eigene erkenne, steht da das Wort *Tafelspitz* geschrieben.

Meine Knie beginnen zu schlottern. Plötzlich weiß ich wieder alles. Wir erwarten Gäste am Abend. Die Einladung ist seit Monaten geplant. Ich habe nach reiflicher Überlegung beschlossen, einen klassischen Tafelspitz mit Apfelkren zu servieren. Formidables Gericht, aber höchst kapriziös in Sachen Weinbegleitung. Was soll man dazu kredenzen!? Einen komplexen Weißwein oder einen fruchtigen Roten? Veltliner? Weißburgunder? Zweigelt? Alles passend, alles interessant. Ich muss mich entscheiden. Meine Hände zittern. Wie aus großer Entfernung höre ich die verschlafene Stimme meiner Frau. „Ich weiß, was das Problem ist", sagt sie und gähnt. „Ist es ja jedes Mal. Aber es geht nicht um Leben oder Tod. Nur um die Weinbegleitung."

Sie hat natürlich recht. Aber sie sucht den Wein auch nie aus. Ich verlasse taumelnd das Schlafzimmer und stehe unversehens in einem endlos scheinenden Gang. Weiße Wände, grauer Fußboden, trübes Licht, zu beiden Seiten Türen.

Es ist (mitunter) hart, ein Weinliebhaber zu sein.

ETWAS MOKKA

Der Gastgeber sah seine Geschlechtsgenossen der Reihe nach an. Eine erhobene Augenbraue verlieh dem Antlitz des Mannes einen weihevollen Ausdruck, welcher auf das Feierlichste mit seinem Jackett aus klassischem Harris-Tweed korrespondierte. Mit einer erlauchten Bewegung nahm er sein Glas, in dem eine tiefrote Flüssigkeit schimmerte. Seine Geschlechtsgenossen taten es ihm gleich. Die anwesenden Ehefrauen, attraktive Damen allesamt, schlossen im Verbund mit der Gattin des Gastgebers nahezu synchron die Augen. Offenbar wussten sie, was nun kommen würde. Ein netter Abend? Ein geselliges Beisammensein? Ein Essen bei Freunden? Von wegen.

Denn siehe, sie verkosteten einen der ganz besonderen Weine aus den geheiligten Tiefen des gastgeberischen Kellers, gepriesen sei des Besitzers Großzügigkeit. Und da verdammten sie die Gattinnen mit ihrer trügerisch-irrigen Hoffnung auf ein bisschen Entspannung im Beisein ihrer Ehegatten, denn siehe, dies ist nur weibisches Heidentum. Wisset, o ihr Gläubigen in Vino, das Verkosten des Weines ist dem Manne eine heilige Handlung.

Der Hohepriester im Tweedsakko nickte kaum merklich. Vier mundgeblasene Gläser wurden von vier Männerhänden leicht zur Seite geneigt, samt dem rot schimmernden Inhalt kurz gegen das Licht gehalten und dann wieder in Richtung der blütenweißen Tischdecke abgesenkt.

„Rubingranat", ließ sich einer der Konzelebranten vernehmen. „Tiefdunkles Rubingranat mit opakem Kern", ergänzte ein Zweiter. „Klassisch", fügte der Tweedgekleidete dazu und es klang nicht zufällig wie „Amen". Ein neuerliches zeremonielles Nicken und vier männliche Nasen senkten sich andächtig in vier Gläser. Acht Männeraugen schlossen sich, während acht Frauenaugen sich verdrehten. Eine der Damen sah mich prüfend an. „Und? Sind Sie auch ein Experte?" Ich schüttelte hastig den Kopf. „Nein", antwortete ich wahrheitsgetreu und schob das vor mir stehende Weinglas ein Stückchen von mir weg. Der Gastgeber bemerkte es. „Ehe dieser Wein zwei Jahre in der Flasche reift", vermeinte ich ihn sagen zu hören, „wirst du uns dreimal verleugnet haben."

Ehrlich, wir Mannsbilder sind manchmal schon ziemliche Trottel. Sakrales umschwirrte mich dogmatisch. „Präsente Tannine", wisperten die Konzelebranten. „Mineralische Noten. Feste Textur." Eine der Frauen kicherte plötzlich leicht hysterisch. „Warum nehmt ihr das Weinsaufen eigentlich immer so bierernst?" Ihre Frage richtete sich an den neben ihr sitzenden Mann, der daraufhin ansatzlos versuchte, die Ungläubige mit seinem Blick zu töten. Seine Glaubensbrüder fielen indessen in eine Art zeremonieller Trance. „Dunkelbeeriger Duft", brabbelten sie. „Tabakig-balsamisch unterlegtes Heidelbeerkonfit. Hollerbeerenmus. Orangenzesten. Feiner Dörrobsttouch. Gewürze klingen an. Kakao und etwas Minze. Zitroniger Ton im Nachhall. Bleibt haften."

Der Hohepriester am Kopfende des Tisches hob mit verklärter Miene seine Stimme und sein Glas. „Rassig", sagte er und bebte vor Ergriffenheit, „jugendlich und vital." Seine Ehefrau lächelte bitter. „Zu mir sagt er das nie", murmelte sie und sah mich an. „Wollen Sie vielleicht mit mir nach Südamerika verschwinden? Er würde es nicht einmal merken." Sie beugte sich zu ihrem Mann, der mit der Nase im Glas betete. „Ich schlafe mit deinem Steuerberater, deinem Anwalt und deinem grauenhaften Cousin Erwin", sagte sie zu ihm. Er öffnete die Augen, hob kurz die Nase aus dem Glas und starrte sie an. „Das hat Charme", flüsterte er, „und Sortenbezug. Delikater Gesamteindruck. Ein Hauch von Kokos und Sanddorn. Und etwas Mokka." Dann wandte er seinen Blick wieder ab. „Sonst noch wer Kaffee?", fragte die Gastgeberin und ihre Stimme klang, als wollte sie sich aus dem Fenster stürzen. Ich nickte und hob die Hand. „Ich", sagte ich mit leiser, aber fester Stimme. „Gerne."

Ich trinke eigentlich nie Kaffee. Aber an dem Abend trank ich welchen. Den Wein ließ ich stehen. Aus reiner Solidarität mit allen Menschen dieser Welt, die ein grausames Schicksal mit Personen verbandelt hat, welche Weintrinken mit einer verdammten Religion verwechseln.

ERINNERUNG

Ein kleiner Teich, eine alte Weide am schilfbewachsenen Ufer. So lautlos wie vornehm gleitet ein Schwan über das dunkelgrüne Wasser, auf dessen Oberfläche die warme Morgensonne glitzert. Sommer, Frankreich, Gironde. Am gegenüberliegenden Ufer ein schmucker Rosengarten, umgeben von einer alten Steinmauer, dahinter ein Weinberg. Appellation Pessac-Léognan, nur ein kleines Stück südlich der Stadt Bordeaux. Aquitanien. Land des Wassers. Und der Reben natürlich.

Ich sitze auf einer hölzernen Bank, die nackten Füße im noch taufeuchten Gras, blinzle versonnen ins südliche Licht und lagere gerade einen der kostbarsten und betörendsten Weine meines Lebens ein, ohne dabei eine Hand zu rühren.

Das geht so: Man begibt sich mit einem Freund auf eine Reise ins Bordelais, trinkt oder vielmehr erlebt gleich am ersten Abend zu einem vorzüglichen Essen eine unvergesslich formidable Flasche eines roten Graves de Pessac-Léognan, der so klassisch wie überraschend, so edel wie verführerisch ist; man staunt über die gekonnt ausbalancierte Finesse, rätselt über die faszinierend kryptische Tiefe, schwärmt wortreich über die erdige Komplexität und die nicht enden wollende Länge – alles natürlich im Duett und mit den glänzenden Augen von Kindern, die im Begriff sind, den Weihnachtsbaum und die darunter drapierten Geschenke zu erblicken.

Kurzum, man verhält sich zunächst einem etwas überbeanspruchten, schablonenhaften Bild (vgl. Klischee) gemäß, welches große Teile der Allgemeinheit mit Weinliebhabern zu verbinden pflegen, wenn diese sich auf Pilgerreise in jene Region im südwestlichen Frankreich begeben, die sich nach wie vor als Mekka der gesamten Weinwelt versteht.

Der Verfasser bildet sich jedoch ein, dass er halbwegs immun ist gegen unreflektierte (meist vorgefasste) Meinungen und apodiktische Aussagen. Er erstarrt nicht in Ehrfurcht, nur weil etwas eine lange Geschichte hat oder als *Weindenkmal* bezeichnet wird. Er neigt dazu, jedes Dogma zu hinterfragen und jedes Glaubensbekenntnis kritisch, wenn auch mit Respekt zu beäugen. Beinahe seit Menschengedenken werden allerorten erbitterte Dispute geführt, ob denn die Hochgewächse aus der Gironde tatsächlich so unnachahmlich und einzigartig sind, ob sie nicht in Wahrheit überbewertet und vor allem überbezahlt werden.

Ich denke diesbezüglich Folgendes: Sie sind zwar nicht selten sagenhaft teuer, aber eben auch nicht selten sagenhaft gut. Es gibt anderswo ebenfalls herausragende, unverwechselbare Weine. Man muss sich nicht immer an den Bordelaiser Erzeugnissen messen und soll schon gar nicht versuchen, sie möglichst getreu zu imitieren. Aber Bordeaux war, ist und bleibt wohl ein Wegweiser, ein Maßstab, ein Motor in beinahe jeglicher Hinsicht. Fragen des Stils, der Technik, der önologischen Philosophie und der Strategie in der Vermarktung werden hier oft früher und nachhaltiger als anderswo beantwortet. Die weltweite Vielfalt ist wie die Heterogenität der Landschaften und ihrer Weine Quell der beständigen Freude für einen Weinliebhaber. Bordeaux aber ist einer der Orte, an denen man als solcher wohl (immer wieder) gewesen sein muss. Es führt kein Weg daran vorbei.

Und damit bin ich wieder beim Anlass dieser Zeilen. Nachdem man einen so wundervollen Tropfen wie den eingangs beschriebenen kosten durfte, überlegt man fieberhaft, wie man in den Besitz einer weiteren Flasche gelangen könnte, auch wenn man weder ein chinesischer Multimillionär ist, noch eine Bank überfallen oder Haus und Hof verpfänden möchte. Wie und wo lagert man dann einen solchen Wein? Unter dem eigenen Kopfkissen in einem klimatisierten Hochsicherheitsschlafzimmer? In einem von Selbstschussanlagen, topmodernen Bewegungsmeldern und erbarmungslosen Killerhunden bewachten Weinschrank?

Für die Beantwortung solcher Fragen hat man Freunde. Die geben einem Antworten wie diese: „Die beste Art, einen Wein zu lagern, ist die Erinnerung."

Also sitze ich auf einer hölzernen Bank, die nackten Füße im noch taufeuchten Gras, blinzle versonnen ins südliche Licht und lagere einen der kostbarsten und betörendsten Weine meines Lebens ein, ohne dabei eine Hand zu rühren.

Das Leben ist gerade rundum schön.

Keine weiteren Fragen

Auf dem Weg durchs Leben kommt man bei verschiedensten Gelegenheiten nicht umhin, Rede und Antwort zu stehen. Es wird erwartet, dass man Fragen beantwortet, auch wenn einem dies mitunter schwerfällt. Kaum hat man postnatal blinzelnd die Augen geöffnet und halbwegs auf die Welt scharfgestellt, beugen sich reihenweise absurd grinsende Erwachsenengesichter über einen und zwitschern in schier endloser Wiederholung mit seltsam verstellten Stimmen: „Ja, wer bist denn du? Ja, wer denn!? Hm? Du, du, du! Na, wer bist denn du!?" Man verweigert zwar die Aussage, aber die Verhörexpertenschaft mit den nervtötenden Zwitscherstimmen ist gnadenlos. Sogar die eigene Verwandtschaft kollaboriert mit dem Feind und löchert einen ohne Unterlass. Es ist der erste veritable Psychoterror, dem man ausgesetzt ist. Und freilich nicht der letzte.

Wie mir berichtet wurde, habe ich früh mit jenen Manövern begonnen, die man im Zusammenhang mit Fragen gemeinhin als *Ausweichen* bezeichnet. Um nicht falsch verstanden zu werden: Ich habe nicht grundsätzlich etwas gegen Rede und Antwort. Ich lasse mich nur ungern löchern. Und ich mag nicht in eine der sprichwörtlichen Schubladen eingeordnet werden. Wenn jemand mich zum Beispiel nach meiner Profession fragt oder ich bei irgendeinem Formular das Feld *Berufsbezeichnung* ausfüllen soll, befällt mich regelmäßig das heftige Verlangen, folgende (ausweichende) Antwort zu geben: *Epikureer auf dem Weg zum Menschen.*

Ich gebe zu, das klingt irgendwie prätentiös. Es liest sich auch nicht besser und passt meist nicht ins dafür vorgesehene Feld des auszufüllenden Formulars. Aber was soll ich machen!? Genau das bin ich oder will ich vielmehr sein: *Epikureer auf dem Weg zum Menschen.* Das ist mein Beruf. Und meine Berufung. Es gibt da ein Sprichwort, welches sinngemäß besagt, dass wir nicht als Menschen geboren werden, sondern vielmehr als Wesen, die ein Leben lang Zeit haben, Menschen zu werden.

In den guten Augenblicken meines Daseins halte ich im Herumirren inne, betrachte mich in einem imaginären oder tatsächlich vorhandenen Spiegel, bedenke mein Tun und Treiben, rufe mir besagtes Sprichwort ins Gedächtnis und nicke zustimmend. „Du bist auf dem Weg", höre ich mich sagen. „Weit davon entfernt, angekommen zu sein. Aber immerhin auf dem Weg. Also steh hier nicht blöd herum. Wenn das mit dir was werden soll in Sachen Mensch, dann mach dich wieder auf die Socken." In den schlechten Augenblicken schließe ich angesichts der Tatsache, dass ich ganz offensichtlich noch eine aberwitzige Anzahl von Lichtjahren davon entfernt bin, ein Mensch zu sein, verzweifelt die Augen, um meine Scham und die adäquate Gesichtsfarbe nicht mitansehen zu müssen. Und ich denke dabei an den famosen Mark Twain, der meinte, der Mensch sei nicht nur das einzige Lebewesen, das erröten könne, sondern auch das einzige, das allen Grund dazu habe.

Was nun das Epikureertum angeht – in beiden Fällen besteht Anlass dafür. Und zwar in jeglicher Hinsicht. Im Gegensatz zur oftmals falschen Auslegung seiner Philosophie, die seine Diffamierung als zügelloser Genuss-Süchtler nach sich zieht, lehrt uns Epikur unter anderem, dass nur der wahrhaft genießen kann, der es am wenigsten nötig hat. Auf dem Weg zum Menschen wäre guter Wein also dann ein probater Reiseproviant, wenn man ihn nicht dazu verwendet, sein bisweilen nicht sehr zügiges Vorankommen schön zu trinken. Hm.

Ich begebe mich in meinen Keller und zögere. Da ist die Flasche des legendären Gutes in Sauternes aus meinem Geburtsjahrgang 1967. Ich hebe sie mir schon ewig und noch ein wenig länger auf, weil ich auf die eine, die ganz besondere Gelegenheit gewartet habe, die solchem Weine angemessen ist. Heute ist ein hundsordinärer Wochentag. Drauf gepfiffen. Ich weiß ein paar Reisegefährten, die keine Fragen stellen. Mit ihnen teile ich wenig später den golden schimmernden, honigduftenden Reiseproviant. Geteilte Freude ist bekanntlich doppelte Freude.

Hatte ich es nötig? Vielleicht. Weiche ich wieder einmal aus? Mag sein. Habe ich es wahrhaft und ohne Wenn und Aber genossen, gemeinsam mit anderen Lebewesen auf dem Weg zum Menschen einen Wein zu trinken, der einen schlicht sprachlos macht? Ja, das habe ich. Keine weiteren Fragen bitte.

ZWISCHEN HIMMEL UND ERDE

Oft erlebt man Sachen, die man nicht glauben kann. Etwas geschieht unbestreitbar vor den eigenen Augen, aber man glaubt es einfach nicht. Die Kinnlade klappt nach unten, der Kopf wird geschüttelt und der Verstand setzt unverzüglich ein systemeigenes Analyseprogramm in Gang, um zu überprüfen, ob er vielleicht verlorengegangen ist. Es gibt nicht erst seit Hamlet mehr Dinge zwischen Himmel und Erde, als unsere Schulweisheit sich erträumen lässt.

Ich war unlängst von einem großzügigen Menschen in ein Restaurant eingeladen, das für sein sündhaft gutes (und ebenso sündhaft teures) Essen bekannt ist. Am Nebentisch nahmen kurz nach uns vier Leute Platz, die auch auf den zweiten Blick nicht wie echte Menschen wirkten. Zwei grobschlächtige Männer mit kantigen, kurz geschorenen Schädeln und stechenden Blicken (die man erst sehen konnte, als die Kerle ihre dunklen Brillen abnahmen) wurden von zwei Damen begleitet, an deren Gesichtern und Staturen die plastische Chirurgie ganz offensichtlich schon mehr als eine Korrektur vorgenommen hatte und die mit waffenscheinpflichtigen Fingernägeln in vollkommen geschmacksfreier Sonderlackierung, High(est) Heels und signalfarbenen Minikleidern ausstaffiert waren. Man sprach Russisch miteinander. Was sonst? Man orderte beim Maître ein Menü mit diversen Luxusklasse-Extras und beim Sommelier zunächst eine Flasche jenes gewissen Most-Wanted-in-Hollywood-Champagners, mit dem angeblich alle Showbusinessgrößen von Madonna bis Puff Daddy schon vor dem Frühstück gurgeln, und zeitgleich eine Magnum der berühmtesten aller Domaines aus dem Département Côte-d'Or, welche eine namensgebende Monopollage im Örtchen Vosne-Romanée ihr eigen nennt. Was sonst?

Hätte ich ein B-Movie über die Russenmafia zu fabrizieren, das den Ehrgeiz nicht verhehlt, die Grenze zum C-Movie zügig zu überschreiten, würde ich mich auch nach einigen Anläufen nicht trauen, eine Menschengruppe und eine Szene wie diese ins Drehbuch zu schreiben. Es erschiene mir schlicht zu klischeehaft. Aber sie saßen leibhaftig vor mir. Ehrenwort. Und dann geschah es. Eine der beiden Damen winkte den Sommelier herbei, orderte ein weltbekanntes koffein- und kohlensäurehaltiges Erfrischungsgetränk und mischte den Inhalt der Flasche kurzerhand mit dem Inhalt ihres Rotweinglases. Meine Kinnlade klappte nach unten, der Kopf verfiel in einen krampfartigen Schüttelmodus und mein Verstand ging kurzzeitig verloren. Sie hatte es wirklich getan! Sie hatte ein *Cola-Rot* fabriziert ... mit einem 1985er Romanée-Conti ...

Und dann kam der Kontrapunkt. Ihre Sitznachbarin wandte sich an den Sommelier, der angesichts der soeben erfolgten Mischaktion ganzkörpergelähmt neben dem Tisch der Russen stehen geblieben war und mit den Augen flackerte. „Stimmen Sie mit Monsieur Joly darin überein“, sagte sie mit russischem Akzent, „dass es das Paradox der modernen Önologie ist, viel zu wissen, aber kaum zu verstehen, wie alles zusammenhängt?“

Der Sommelier schluckte. Dann glotzte er die Fragestellerin an. Und dann sagte er etwas, das Spitzensommeliers normalerweise nicht zu ihren Gästen sagen. Er sagte: „Hä!?" Die Russin deutete auf ihr Weinglas. „Biodynamischer Weinbau", meinte sie. „Was halten Sie davon?"

Was dann folgte, war eines der interessantesten Gespräche über alternative Weinbaumethoden, natürliches Gleichgewicht und kosmische Kräfte, das ich je gehört habe. Ich gebe zu, ich neige zum Skeptiker, wenn es um Praktiken oder Anschauungen geht, die etwas Okkultes an sich haben. Aber ich gebe auch zu, dass ich fest an den Hamlet-Satz von den vielen Dingen zwischen Himmel und Erde glaube und schon zahlreiche biodynamische Weine verkosten durfte, die einfach großartig waren. Ich finde, Probieren sollte nicht über Studieren gehen. Besser, die beiden gehen Hand in Hand. Und genau das habe ich bei vielen Biodynamikern im Weinbau erlebt. Die Personen und die Weine in dieser Szene haben sehr oft etwas ungemein Wichtiges gemein: nämlich Persönlichkeit.

Das Fachgespräch der önologisch versierten Russin mit dem Sommelier, das ich so lange belauscht habe, bis einer der beiden Grobschlächtigen mich schief anzustarren begann, weil er mich vermutlich für einen schlecht verdeckten Ermittler hielt, war jedenfalls wirklich unglaublich. Unglaublich interessant und unglaublich wahrhaftig. Wie vieles zwischen Himmel und Erde.

Bekennender Wiederkäuer

Der Mensch neigt zu Wiederholungen. Das ist oft nachvollziehbar und begrüßenswert. Etwa, wenn es darum geht, Worte, die eines anderen Menschen Herz erfreuen, ein zweites Mal oder sogar wieder und wieder auszusprechen. Die berühmten drei Worte zum Beispiel. In anderen Zusammenhängen ist das Repetieren von Sätzen weniger gut beleumundet. Wenn ein Kolumnist zum Wiederkäuer wird und bei sich selber abschreibt, gereicht ihm das in der Regel kaum zur Ehre und der Leserschaft nicht wirklich zur Freude.
Trotzdem …

Wein braucht Zeit. Die Zeit der Winzerinnen und Winzer und die Zeit der Menschen, die ihn reifen lassen, um ihn irgendwann mit Bedacht zu trinken.

Die vorangegangenen Sätze habe ich in meiner dritten Kolumne für die Zeitschrift „wein.pur“ geschrieben und ich käue sie hiermit ganz bewusst wieder. In der Kolumne „Vorsätze“ wurde von mir öffentlich für das damals neue, inzwischen längst vergangene Jahr der Vorsatz gefasst, nicht weiter massive missionarische oder gar inquisitorische Aktivitäten zu entfalten, wenn es darum geht, Zeitgenossen dazu zu bekehren, Weine nicht zu jung zu trinken. Selbstverständlich habe ich diesen Vorsatz in der Folge aus tiefster Überzeugung nicht in die Tat umgesetzt. Und die Kolumne „Junger Wein und alte Hüte“ war sogar komplett dem Thema der Vielzujungweintrinker gewidmet, die ich mittels dieses grauenhaften Unworts als Untaten begehende Unholde gebrandmarkt habe, welche in kindsmörderischer Absicht über sämtliche verfügbaren Weine des jüngsten Jahrgangs herfallen, um sie ungeachtet ihrer Jugend und in schnöder Missachtung ihres Reifepotenzials gnadenlos wegzubechern. Es war ein flammendes Plädoyer fürs Reifenlassen – und ein frommer Wunsch, die Zahl derer, die sich selber und ihre Mitmenschen auf den Geschmack der Geduld bringen, möge künftig steigen.

Ich wiederhole mich also. Das Thema lässt mich aber auch echt nicht los. Bekanntlich fasst man zum Jahreswechsel traditionell Vorsätze fürs neue Jahr. Als weinliebhabender Mensch sollte man einen Vorsatz fürs vergangene Jahr fassen – nämlich den, Weine dieses Jahrgangs noch eine Weile ruhen zu lassen. Nicht in allen, aber in vielen Fällen. Ich war vor einiger Zeit in einem formidablen Wirtshaus zu Gast und durfte erleben, wie der stand-, ja, heldenhafte Gastgeber, gepriesen sei er in Ewigkeit, einem forsch-dreisten Gast die Herausgabe des jüngsten Jahrgangs eines Wachauer Veltliners de facto verweigerte, obwohl er die Flasche, wie er freimütig zugab, bereits im Keller hatte. „Der ist zu jung“, rezitierte er repetitiv sein Mantra, „der bleibt liegen.“ Eine heroische Tat für einen Wirt. Geschäftsschädigend, aber heroisch. Ich liebe den Mann. Und weil Liebe sich am besten in einem gemeinsamen Liebesakt ausdrücken lässt, hab ich bei nächster Gelegenheit mit meinem Helden einen solchen vollzogen. Unsere Frauen konnten völlig unbesorgt sein. Sie waren zugegen und es gab keinen Anlass zur Eifersucht.

Bei besagtem Akt handelte es sich um das gänzlich unschuldige Goutieren eines Grünen Veltliners, Jahrgang 1959, Herkunftsgebiet Wachau. Vor einigen Jahren hab ich eine Flasche aus den alten Beständen einer Genossenschaft erworben und den Inhalt derselben nun gemeinsam mit meinem Helden und unseren Frauen genossen. Keiner der am Tisch Anwesenden war bereits auf der Welt, als dieser Wein gemacht wurde. Alleine das wäre schon ein Grund gewesen, diesem Lebensmittel mit Ehrfurcht zu begegnen. Wirklich ehrfürchtig waren wir aber aufgrund des Zustandes, in dem sich der Flascheninhalt befand. Man kann ein Aromenvielfaltswunder solch seltener Güte schwer beschreiben. Also lasse ich es und sage nur so viel: knapp 12% Alkohol. Womit wir beim nächsten Thema wären. Nicht jeder Volumenprozentprotz ist auch ein Langstreckenläufer. Freilich soll man nichts verallgemeinern. Ich hab schon trockene Weißweine mit knapp 17% getrunken, die dennoch filigranst und überaus nuanciert wirkten. Aber große Muskeln bedeuten auch beim Wein nicht unbedingt immer große Kraft.

Was nun das Wiederholen betrifft: Der 1959er Veltliner ist Geschichte. Meiner jedenfalls. Aber ich werde ihn wieder und wieder wiederkäuen. Wiederriechen. Wiederschmecken. Wiederbewundern. Wiederbesingen. Schönheit bezieht ihren Reiz aus der Vergänglichkeit. In der (wiederholten) Erinnerung bleibt sie jedoch zeitlos.

DER LENZ IST DA

Das Lenzsymptom zeigt sich zuerst beim Hunde,
dann im Kalender und dann in der Luft,
und endlich hüllt auch Fräulein Adelgunde
sich in die frischgewaschene Frühlingskluft.
(Kurt Tucholsky)

Es entbehrt natürlich der Notwendigkeit, die Tatsache der Lenzankunft in dieser Kolumne (noch dazu gleich im Titel) eigens zu postulieren. Das blaue Band, das gemäß den bekannten Worten Mörikes durch die Lüfte flattert, hat ohnehin alle Welt registriert – ebenso wie die süßen, wohlbekannten Düfte, welche ahnungsvoll das Land streifen, die von baldigem Kommen träumenden Veilchen und den leisen Harfenton von fern. Der Lenz ist unbestritten da, auch wenn mir bislang weder eine Veronika noch irgendein anderes Mädchen begegnet ist, das angesichts dieser Tatsache „Tralala" gesungen hätte. Aber die Welt ist dennoch fast schon wieder grün und irgendwie verhext und der Spargel wächst und man kann getrost trällernd in die Wälder ziehen, ohne als allzu verhaltensauffällig zu gelten.

Der nach der winterwetterbedingten Schwermut nun ausbrechende Leichtmut (mit Tendenzen zum Übermut) wird in önologischen Fragen zu einem gewissen Wankelmut. Nicht im Sinne von Flatterhaftigkeit – ich bin einfach unentschlossen. Welchen Wein soll man trinken, um den Lenz gebührend zu begrüßen? Die Lehrmeinung schreibt leichte Weine vor, die einschlägigen Magazine singen das Loblied der schlanken, jungen Tropfen mit animierender Primärfrucht und die Gastronomie empfiehlt geschlossen zum jährlich ausbrechenden kollektiven Bärlauchwahnsinn „frische Frühlingsweine" – zum Beispiel einen Sauvignon blanc aus der Steiermark, den „gar nicht einmal so uninteressanten Einstiegswein" eines bekannten Gutes, wie ein etwas jovialer Sommelier letztens wortwörtlich meinte.

Welcher Einstieg? Ich bin gar nie und nirgends ausgestiegen. Und mit der Lehrmeinung ist es halt so eine Sache. Laut derselben hätte ich die letzten Monate vor einem lodernden Kaminfeuer zubringen und mir ausschließlich gereifte Gerbstoffbomben in die Seele kippen müssen, auf dass diese sich erwärme. Hab ich aber nicht. Jetzt soll ich nur Weine trinken, die ja nicht zu schwer, nicht zu reif und nicht zu üppig sein dürfen. Will ich aber nicht. Damit ich nicht missverstanden werde: Ich mag Frische im Glas. Ich mag duftige Tropfen mit feiner Säure und wenig Alkohol. Ich bin auch dafür, dass man unermüdlich sogenannte Breschen für die sogenannten „Einstiegsweine" schlägt, die von sogenannten Kennern oft stiefmütterlich behandelt werden, nur weil sie meist zur sogenannten Dezenz neigen. Dezenz ist keine Schwäche. Ich mag bloß keine Empfehlungen, die den Charakter von gebetsmühlenartig wiederholten Vorschriften haben. Ich will nicht hysterisch Bärlauch als Vorspeise, Zwischengericht, Hauptspeise und Dessert bestellen müssen, nur weil er überall aus dem Erdreich knallt.

Und ich bin ein Freund von Ausnahmen, welche Regeln bestätigen.

Deswegen singe ich trotz Jahreszeit ein lenzisches Lied auf gereifte Weine der Rebsorte Muskateller. Gewissermaßen als Kompromissvorschlag. Jahrelang gedieh dieser Sorte zu wenig Liebe an, mittlerweile erlebt sie erfreulicherweise eine Renaissance. Muskateller, das weiß man, kann überaus aromatisch und animierend sein und ist ein hervorragender Aperitif. Stimmt. Er eignet sich dafür nicht so gut als Speisenbegleiter und taugt auch nicht besonders zur Reife. Stimmt nicht. Ich habe Vertreter dieser Rebsorte im Keller, die bereits mehr als zwei Jahrzehnte alt und dennoch kein bisschen müde sind. Es sind vielmehr wunderbar komplexe Weine mit großem Reifepotenzial. Alleine oder auch zum passenden Essen genossen entpuppen sie sich als wahre Freude. Wenn ich in Sachen Eleganz und Fitness so beieinander wäre wie diese Weine, würde ich Purzelbäume der Euphorie schlagen.

Ich trage also wie Fräulein Adelgunde meine frisch gewaschene Frühlingskluft und trinke dem Lenz zum Gruße neben den empfohlenen Leichtgewichten auch gereifte Weine. Und ich erwerbe sicher auch heuer wieder einige Muskateller und werde sie in jenen Ecken meines Kellers lagern, wo die Weine aufbewahrt werden, die zur langen Reifung bestimmt sind. Zum ewigen Frühling ist es dann nur ein Schritt und ein Schluck.

FRUCHTBARER HALBMOND

Eine der Wiegen der Menschheit. Jeder Fußbreit Boden von kulturgeschichtlicher Bedeutung. Das Hochland des legendären *Fruchtbaren Halbmondes* gehört zu jenen Orten, an denen der Homo sapiens vom umherstreifenden Jäger und Sammler zum sesshaften Viehzüchter und Ackerbauern wurde. Man nutzte die günstigen klimatischen Bedingungen, um aus wild wachsenden Pflanzen Kulturgewächse zu machen, baute Dörfer und Städte, entdeckte die Geheimnisse der Metallherstellung und schuf das erste Alphabet. Naher Osten: Überall Spuren bedeutender Kulturen, Kreuzungspunkte zahlreicher Völker, manifestiert in mystischen antiken Ruinen, Kreuzritterburgen und abgeschiedenen Klöstern, in Basaren, Moscheen, Synagogen und Kirchen, in Sitten, Gebräuchen und Sprachen, in den unzähligen Geschichten und im vielfältigen Essen der Region. Und natürlich auch im Wein.

Er kann keinen Wein trinken. Er würde gerne, aber er kann einfach nicht. Seine Leute blicken ihn fragend an. „Danke, kein Wein." Die anderen warten schweigend, bis er weiterredet. Sie wissen schließlich, woher er kommt, sie haben die Nachrichten verfolgt. Trotzdem haben sie keine Vorstellung davon, was er erlebt hat. Da war so eine Sache im Libanon. Im Auftrag der

Hilfsorganisation, für die er seit Jahren als Arzt arbeitet, hat er syrische Flüchtlinge betreut, die zu Tausenden über die Grenze kamen, auf der Flucht vor dem Irrsinn des Bürgerkrieges: verstörte Menschen aus einem zerstörten Land. Er erzählt von Hazem Massoud, einem Bauern aus der Nähe von Aleppo. Die Frau und beide Söhne Massouds starben, als eines Tages Granaten im Dorf einschlugen. Nur die kleine Tochter und Massoud selbst haben überlebt. Die Züge dieses syrischen Bauern, erzählt er, waren völlig versteinert. Der Mann sprach kein Wort, er starrte immer nur stumm geradeaus. Sie waren gerade mit anderen Flüchtlingen zwischen Obst- und Weingärten in der Nähe der libanesischen Stadt Baalbek auf der Ladefläche eines Lastwagens unterwegs, als Massoud plötzlich zu weinen begann, ohne dabei eine Miene zu verziehen. Die Tränen liefen ihm einfach minutenlang über das versteinerte Gesicht, während er seine Tochter hielt und der Lastwagen auf einer Straße zwischen grünenden Weingärten dahinfuhr. Später im Flüchtlingslager erzählte der Bauer dann irgendwann doch seine Geschichte: mit leiser Stimme und einem Kopfschütteln, als könne er selbst nicht glauben, was geschehen war. Die Panzer kamen durch seinen Weingarten. Er weiß nicht einmal, ob es eine Granate der Rebellen oder eine der syrischen Armee war, die seine Frau und seine Söhne getötet hat.

Noch vor nicht allzu langer Zeit wurden Touristen kreuz und quer durch diese Gegend geführt, die Touren durch die Weinbaugebiete des Vorderen Orients waren beliebt. Seit Jahrtausenden baut man hier Reben an, schon seit vorbiblischen Zeiten. Semitische Völker kultivierten die Rebstöcke und trieben regen Weinhandel: erst die Aramäer, dann die Phönizier. Im Alten Testament ist es nachzulesen. Später waren es Römer, Juden, Christen. Die Weinkultur in dieser Gegend kam nie ganz zum Erliegen, auch wenn der Islam sich mehr und mehr ausbreitete. Wein wächst in der fruchtbaren Bekaa-Ebene im Libanon, in den syrischen Hügeln nahe Damaskus und Aleppo, auf den vulkanischen Böden der Golan-Höhen. Aber derzeit bucht niemand eine Weintour in die Gegend. Das Außenministerium spricht von „unvorhersehbarer Lageentwicklung“, warnt ausdrücklich vor Reisen in diesen Landstrich und empfiehlt allen dort verbliebenen Landsleuten mit Nachdruck, die Region möglichst schnell zu verlassen.

Hunderttausende Tote, Millionen Flüchtlinge. Überall schwer bewaffnete Soldaten, Milizen, Rebellen, islamistische Kämpfer, Terroristen, Söldner. Dazwischen internationale Helferinnen und Helfer und ein paar Medienleute, die Zeugen einer der schlimmsten humanitären Katastrophen der letzten Jahrzehnte werden. Der Krieg schwappt längst über die syrischen Grenzen: nach Israel, in den Libanon, nach Jordanien, in die Türkei.

Fruchtbarer Halbmond: Pulverfass. Krisenherd. Chaos.

Die Organisation, für die er arbeitet, setzt alles daran, die Zivilbevölkerung mit dem Nötigsten zu versorgen: Tonnenweise werden Nahrungsmittel in die Region gebracht, Medikamente, Impfstoffe und andere Hilfsgüter. Chlor, um das Trinkwasser zu reinigen. Mobile Gesundheitsteams, um die Opfer zu betreuen. Aber nicht alles kommt an. Das Artilleriefeuer und die Gewehrsalven waren fast ununterbrochen zu hören, erzählt er. Die Kinder konnten im Gegensatz zu ihm sagen, welche Seite gerade feuerte: die Regierungstruppen oder die Rebellen. Die Kinder leben im Krieg und mit dem Krieg. Sein Hilfskonvoi wurde mehrfach ausgeraubt, er brachte halbe Tage an irgendwelchen Checkpoints zu, nicht wissend, welche Kämpfer ihn gerade kontrollierten. Er hörte von Geiselnahmen, Vergewaltigungen und Folterexzessen. Ein Libanese, Mitglied der Hisbollah-Miliz, der einige Male als Heckenschütze in Syrien gewesen war, erklärte ihm wortreich, dass seine Leute die Gebiete, welche Israel im Sechstagekrieg 1967 annektiert hat, bald zurückerobern würden. Der Mann zeigte ihm die zerknitterte Werbebroschüre eines israelischen Weinguts auf den Golan-Höhen, die er bei sich hatte, spuckte verächtlich aus und sprach dann mit einiger Häme davon, dass es solche „lästerlichen Druckwerke" nicht mehr geben werde, wenn man die Juden und ihre „gottlosen Weine mit den delikaten Fruchtaromen" demnächst ins Meer geworfen habe. Während er dem Hisbollah-Kämpfer zuhörte, dachte er an Christenmenschen in Europa, die im Namen kirchlicher Organisationen immer wieder zum Boykott genau jener israelischen Weine von den Golan-Höhen aufrufen und diese Aktion „Kaufverzicht" nennen, damit niemand an die Formel „Deutsche, kauft nicht bei Juden!" erinnert wird. Der Nahe Osten ist näher, als man glaubt.

Jetzt ist er für ein paar Wochen zurückgekehrt nach Österreich. Seine Familie lebt in der südlichen Steiermark, nahe der Grenze zu Slowenien. Er fährt durch die Stille der Frühlingslandschaft, auf einer Straße zwischen grünenden Weingärten. Seine Leute sind froh, dass er heil wieder da ist. Aber als sein Vater ihm ein Glas Wein einschenken will, schüttelt er nur den Kopf. „Danke, kein Wein." Es bringt natürlich gar nichts, keinen zu trinken. Hilft keinem, ändert nichts. Aber er kann einfach nicht.

DIE VIERTE FARBE

Man muss nicht überall (seinen) Senf dazugeben. Die Zahl der Mahlzeiten, die durch dieses Gewürz schmackhafter werden, ist begrenzt, auch wenn Senf durchaus zu einigen Speisen passt. Die eingangs verwendete Redewendung ist aber wohl mit gutem Grund irgendwann entstanden. Eine Zeit lang gab es offenbar zu viele Gastgeberinnen und Gastgeber, die nicht davon abzubringen waren, ihren Gästen jede Speise zu „versenfen" – koste es, was und wer es wolle. Es hat eine weitere Zeit lang gedauert, bis die „Versenfung" der Welt abnahm. Und in manchen Kulturen wurde der Senf, wie man weiß, nur durch andere Substanzen ersetzt, die meist einen ähnlichen Geschmacksnuancenvernichtungseffekt erzielen (Stichwort: Ketchup und diverse andere Würzsaucen).

Dennoch: Ich mag Senf. Manchmal ist er unverzichtbar, manchmal unvermeidbar. Ich gebe also hiermit den meinen dazu – und zwar zum Wein. Genauer gesagt: zum *Orange Wine*. Diese Kolumne ist ein Akt der Seelenhygiene, die ich durch Senfabgabe zu bewerkstelligen gedenke. Mir geht die Hysterie wegen der „Orangen" nämlich schwer auf den Geist. Aus meiner Sicht werden die Auseinandersetzungen zwischen den „Konventionellen" und den „Alternativen" innerhalb der Weinexpertenschaft immer noch und immer wieder derart erbittert geführt, dass ich mich ernsthaft frage, ob die betreffenden Menschen wirklich nichts Besseres zu tun haben, als sich gegenseitig (und in der Folge den Konsumentinnen und Konsumenten) das Leben schwer zu machen. Nach dem Entweder-oder-Prinzip soll man Farbe bekennen: Orange oder nicht? Ich weigere mich standhaft. Ich lebe (weit besser) mit meinem Sowohl-als-auch-System.

Dabei ist es keine Frage, dass es sich bei den maischevergorenen Weißweinen nicht um eine neue, kurzlebige Mode handelt. Die sind der älteste Hut in Sachen Weinherstellung überhaupt. In der Erde vergrabene Tonamphoren hat es bereits in der Antike gegeben – und wenn heute zahlreiche Winzerinnen und Winzer in Europa und anderswo das Verfahren aufgreifen, Traubensaft, Schalen und Kerne geraume Zeit gemeinsam verbringen zu lassen, wodurch Tannine, Farb- und Geschmacksstoffe heftig und im guten Falle fröhlich mit dem sich entwickelnden Wein interagieren, dann sollte nicht darüber gestritten werden, ob es das überhaupt geben darf. In welcher Weise es sinnvoll ist und was dabei herauskommt, kann hingegen sehr wohl Gegenstand von (halbwegs nüchternen) Debatten sein.

Das Prädikat „naturbelassen" ist an sich was Schönes. Und wenn etwas unverwechselbaren Charakter hat, wenn es individuell und unverfälscht ist, wenn auf Zusätze wie selektive Hefen, Enzyme oder sonstige Additive (Stichwort: Zucker) ebenso verzichtet werden kann wie auf Filtration, wenn der Einsatz von Schwefel stark reduziert oder überhaupt komplett vermieden wird – alles wunderbar! Solange das Ergebnis nicht ein Wein ist, den man sich nur mit verkniffener Miene und dem Verweis auf Rudolf Steiner, irgendeine Zertifizierung oder die kosmische

Ganzheitlichkeit schönreden kann. Sofern bei einem naturbelassenen Wein der oxidative Charakter alles andere überdeckt, was an Aromenvielfalt möglicherweise vorhanden wäre, möchte ich mein Unbehagen äußern dürfen, ohne dass ich gleich Gefahr laufe, als „Chemiekeulen-Killer" an einen (biodynamischen) Pranger gestellt, mit Hornmist beworfen und anschließend in Brennesseljauche ersäuft zu werden. Und wenn im Gegenzug jemand mehr oder weniger hemmungslos die Weingärten mit Pestiziden malträtiert und dabei allen Ernstes behauptet, nur so und nicht anders wäre es möglich, einen „sauberen" Wein zu erzeugen, dann krampfe ich mich natürlich auch total ein und möchte den Pestizidler mit der Frage konfrontieren, ob er tatsächlich davon ausgeht, dass hinter ihm die Sintflut kommt.

Es geht – mit Blick auf die viel zitierte vierte Farbe – nicht darum, gewonnene Erkenntnisse über Bord zu werfen. Im besten Falle reichen Tradition und Innovation einander die Hand. Es gibt kein Patentrezept, nach dem alles gelingt. Wein ist ein Lebensmittel. Das heißt auch, dass dieses Mittel lebt, dass es Prozessen ausgesetzt ist, die nicht hundertprozentig berechenbar sind. Geschmack entwickelt und verändert sich. Man sollte seine Sensorik in mancherlei Hinsicht immer wieder neu eichen, Gewohnheiten überdenken und dem Ungewohnten mit wiederholter Erprobung und Erforschung begegnen.

Kurzum, man muss die Dinge erleben. Wein ist keine Religion. Dem Himmel sei Dank.

VERSCHLUSSSACHEN

Der Sommelier starrte nicht etwa leicht verwundert auf die Flasche, er glotzte nicht irritiert darauf, er sah, schaute, stierte, linste, luchste, lugte, schielte oder äugte auch nicht skeptisch auf den Flaschenhals mit dem Glasverschluss. Er guckte. „Da gucke ich aber“, sagte er folgerichtig. „Mannomann, seit wann hat der denn ’nen ollen Glasstopfen?“

Ich saß ungefähr in der Mitte der Bundesrepublik Deutschland in einem Restaurant und hatte eine Flasche Riesling aus dem Rheingau bestellt. Aufgrund meiner österreichischen Herkunft starrte/glotzte/sah/schaute/stierte/linste/luchste/lugte/schielte oder äugte ich durchaus amüsiert auf den guckenden Sommelier, der sich nur langsam mit der unbestreitbaren Tatsache anzufreunden schien, dass ein bekanntes Rheingauer Weingut seine Flaschen neuerdings nicht mehr mit Naturkorken zu verschließen gedachte. „Erstes Gewächs“, murmelte er halb nostalgisch, halb indigniert. „Mit ’nem Glasstopfen.“ Er sah/guckte mich seufzend an und gewährte mir dann trotz des anstößig alternativen Verschlusses mit offenkundig gemischten Gefühlen einen Kostschluck. Alte Schule also. Als ich das Glas schwenkte und kurz an seinem Inhalt schnupperte, legte der Mann den Kopf ein wenig schief. „Irgendwie überflüssig“, sagte er trocken. „Müssen

Sie doch zugeben, oder? Die Schwenkerei, das Reinschnuppern und so. Überflüssig, weil – Glasstopfen! Kann also wohl nichts haben, der Tropfen." Ich erwiderte seinen leicht spöttischen Blick einen Augenblick lang schweigend, dann schüttelte ich den Kopf. „Doch", sagte ich in ebenso trockenem Ton. Denn der Tropfen hatte eindeutig was.

Nein, es folgt nun kein flammendes Plädoyer gegen Alternativverschlüsse und für die globale und per Gesetz reglementierte Rückkehr zum Naturkorken. Ich finde Korkfehler lästig und blöd und total pfui und ärgere mich jedes Mal grün und blau, wenn ich einen Wein entkorke und mir muffiger Geruch in die Nase steigt. Ich bin definitiv dafür, dass man in Sachen Verschluss nichts unversucht lässt. Man soll sämtliche denk- und produzierbaren Alternativen immer wieder ausprobieren und weiterentwickeln. Das Image der verschiedenen Verschlüsse ist mir ehrlich gesagt komplett wurscht. Was hab ich davon, wenn der Wein zwar stilvoll geöffnet wurde, aber aufgrund irgendeines Fehlers ungenießbar ist!? Ich bin gerne nostalgisch bezüglich des Inhalts einer Flasche und leiste mir bei der Erinnerung an herausragende Weine jede Menge lächelnder Wehmut. Meine Nostalgie in puncto Verschlusssachen hingegen geht gegen Null.

Faktum ist, die Fehlerquote bei Naturkorken wurde aufgrund verbesserter Verfahren in den letzten Jahren gesenkt. Völlig ausschließen können wird man Korkfehler aber nie. Wenn der Kork gesund ist, ist seine Eignung als Weinflaschenverschluss bestens. Das ist unbestreitbar. Ebenso unbestreitbar ist, dass auch bei dem als unfehlbar gepriesenen Schraubverschluss manchmal Probleme auftreten können. Die Einstellungen der Maschinen spielen eine Rolle, die Passgenauigkeit des Verschlusses, außerdem ist da noch die Sache mit den Reduktionsnoten und den „zu frisch" abgefüllten Weißweinen bei manchen „Schraubern" – kurzum: Unfehlbarkeit gibt es auch hier nicht. Das gilt ebenso für Glasverschlüsse.

Der springende Punkt ist meiner Meinung nach: Es geht um möglichst weingerechte (um nicht zu sagen: individuelle) Lösungen. Weine und Weinstile sind bekanntlich höchst unterschiedlich. Nicht jeder Verschluss passt zu jedem Wein. Alle haben Vor- und Nachteile. Fazit: Je mehr Langzeitstudien es zu den verschiedenen Methoden gibt, desto besser wird man deren Eignungen evaluieren können. Die Prophetenmeute der „einzig wahren Lösung" hat allerdings auch in der Weinwelt stets die Klappe am weitesten offen und predigt am lautesten. Solange eine Sache aber nicht ausgereift ist, soll man ihr, wie ich finde, stets mit einer gewissen Skepsis begegnen. Das gilt auch für Weine und ihre Verschlüsse.

Was nun den Glasstopfen auf dem deutschen Riesling angeht: Er war schlicht nicht ganz dicht. Das lag an dem Kunststoffring aus Polyvinylchlorid, der im Flaschenhals für Dichtheit sorgen sollte und es einfach nicht tat. Der Sommelier brachte anstandslos eine andere Flasche – und deren Inhalt war perfekt. Ein Wein von großartiger Mineralität, kraftvoller Frucht und geschliffener Eleganz. Wir waren alle versöhnt. Der Sommelier, der deutsche Riesling, sein Verschluss und ich.

ALLE JAHR(GÄNG)E WIEDER

Fünf Winzer unterschiedlichen Alters sitzen in einer Silvesternacht zwischen vielen leeren Flaschen, schwenken leicht versonnen den Wein in ihren Gläsern und reden über das zu Ende gehende Jahr. Man könnte auch sagen: Sie singen den Jahrgangsblues.

Erster:	Leicht war's nicht, das Jahr.
Zweiter:	Welches ist schon leicht?
Dritter:	Ich sag' immer: War nie eines leicht, wird nie eines leicht werden.
Vierter:	Doch. Wenn der Bub den Betrieb übernimmt.
Erster:	Na, das schau' ich mir an.
Zweiter:	Ich auch. Dass du sanft in die Pension gleitest, glaubst du ja wohl selber nicht.
Erster:	Das wird ein Stolpern und Holpern. Garantiert.
Vierter:	Abwarten.
Fünfter:	Kleinere Ernte war's heuer halt.
Dritter:	Ich sag' immer: Es ist mehr Arbeit und weniger Ertrag.
Zweiter:	Manchmal denkst du dir schon, der Herrgott will dich pflanzen.

Erster: Winzer ist er jedenfalls keiner. Sonst würd' er nicht so ein Wetter machen.

Vierter: Wetter ist Wetter.

Zweiter: Ja, aber so ein Wetter!? Da sind ja die Launen von der Gattin absehbarer. Und die ist, unter uns gesagt, im Wechsel.

Erster: Der Herrgott vielleicht auch. Bei dem heißt's nur Klimawandel.

Dritter: Ich sag' immer: Wie's ist, so ist es. Beim Wetter und bei den Frauen.

Fünfter: Kleinere Ernte war's heuer halt.

Erster: Hat man eh schon bei der Blüte gesehen, dass das kein Spaziergang wird.

Zweiter: Kein Wunder bei der spinnerten Witterung. Heiß-kalt, heiß-kalt. Eine halbwegs gescheite Befruchtung kannst du dir da zeichnen. Mir hat's beim Veltliner fast alles verrieselt.

Dritter: Mir beim Blaufränkischen. Aber wenigstens waren kaum Frostschäden.

Vierter: Dafür im Sommer dann Backofen. Unter- und Oberhitze, volles Rohr. Reifefortschritt Nullkommajosef. Ich hab' meine Reben verstanden. Mir war's auch zu heiß, dass ich was hackle.

Zweiter: Sagen eh alle Wetterfritzen. Fakt ist, die Sommer in den letzten hundert Jahren, die so heiß waren wie der heurige, die kannst an einer Hand abzählen.

Erster: Aber du kriegst eine lässige Aromatik, wirst sehen. Wenn die Beeren so klein sind, spielt es sich irrsinnig in der Haut ab. Ist wie beim Grillhendl.

Fünfter: Kleinere Ernte war's heuer halt.

Vierter: Kann schon ein Hund sein, die Trockenheit. Der Nachbar hat einen jungen Weingarten, da hast fast nicht zuschauen können, wie der gelitten hat.

Erster: Der Winzer oder der Weingarten?

Vierter: Beide natürlich.

Zweiter: Meine Trauben sind auch schon beim Hinschauen aufgeplatzt. Und dann waschelt's im Herbst auf einmal wie nicht gescheit. Ihr wisst's ja selber, was sich dann abspielt. Aber was soll man machen? Man kann eh nur riskieren. Wenn die Gradation noch nicht passt, lässt du's hängen. Ohne Risiko ist alles Essig.

Erster: Oder irgendwann Rosine.

Vierter: Bei manchen war's bis Ende September knochentrocken, oder?

Zweiter: Ja, aber dann war Botrytiswetter. Den ganzen Oktober. Die reinste Sauna.

Erster: Ein Süßweinjahrgang. Eindeutig.

Dritter: Ich sag' immer: Dafür war weniger Hagel.

Vierter: Ach so!? Sag das einmal meinem Nachbarn. Zuerst grillt's ihm den halberten Weingarten und den Rest haut ihm dann der depperte Hagel zusammen. Und familiär hat's ihn heuer auch voll erwischt.

Erster: Wieso? Ist wer gestorben?

Vierter: Nein, geheiratet hat er.

Zweiter: Gut, da ist aber schon ein Pech auch dabei, oder?

Dritter: Ich sag' immer: Es ist alles Nervensache. Heiraten und Weinmachen.

Fünfter: Kleinere Ernte war's heuer halt.
Erster: Sag' einmal, hängt bei dir die Platte?

Man hört von draußen lautes Glockenläuten, Feuerwerksgeräusche und ausgelassene Stimmen. Die Winzer stoßen schweigend an und trinken. Auf das alte und auf das neue Jahr. Auf alle Jahrgänge. Und auf das Leben.

DAS DINGSBUMS IM BLAUFRÄNKISCHEN

„Auf unsere Gesundheit", sagte Herr Bloch, während er Rotwein nachschenkte. Vor wenigen Wochen war der alte Herr neunzig Jahre alt geworden. Seine Frau, selbst nur um wenige Jahre jünger, musterte erst ihn und dann das Glas in seiner Hand mit einem kaum hörbaren Seufzen. „Heute hast du aber schon genug für deine Gesundheit getan", sagte sie leise. Es war kein Vorwurf, mehr eine Feststellung an der Grenze zur Frage. Herr Bloch verzog trotzdem ein wenig das Gesicht, wobei man nicht genau sagen konnte, ob es ein Lächeln, ein Zwinkern oder ein Ausdruck des Unmuts war. Er nahm einen Schluck und bewegte den Wein dann genussvoll im Mund hin und her. Seine Frau sah zu mir. Ich hatte sofort ein schlechtes Gewissen. „Sie brauchen kein schlechtes Gewissen zu haben", sagte Frau Bloch, die offenbar Gedanken lesen konnte. „Wenn Sie nicht zu Besuch gekommen wären, hätte er das Flascherl womöglich alleine ausgepipelt. Und jetzt wird er gleich sagen, dass er nur deshalb so alt geworden ist, weil er sein Leben lang jeden Tag brav seine Medizin eingenommen hat."

Herr Bloch nickte und schwenkte das Rotweinglas – zur Bestätigung und auch, um die Aromen an die Oberfläche zu bringen. „In dem Punkt bin ich Franzose“, meinte er. „Dabei haben die es gar nicht erfunden. Das war in Wahrheit der Grieche ... der, auf den alle Ärzte ihren Eid schwören müssen. Wie heißt der? Letztens hab ich’s noch gewusst.“ Seine Frau hob eine Augenbraue. „So gut bist du geistig anscheinend doch nimmer beisammen“, sagte sie in halbwegs neutralem Ton, „trotz der täglichen Medizin.“ Herr Bloch lächelte milde und wandte sich an mich. „Helfen Sie mir“, sagte er und deutete mit einem Kopfnicken auf seine Frau, „sonst geht der Punkt an sie. Und das geht auf keinen Fall.“ Auf die Gefahr hin, mir damit die ewige Feindschaft von Frau Bloch einzuhandeln, murmelte ich den Namen des legendären abendländischen Heilkunstinnovators Hippokrates in mein Rotweinglas. Herr Bloch nickte, wandte sich wieder an seine Frau und legte den Kopf ein wenig schief. „Glaubst du, wir sind gescheiter als der? Gescheiter als die römischen Kaiser? Die haben ihren Soldaten täglich eine Ration Wein verschrieben, damit sie gesund und munter bleiben.“ Nun verzog Frau Bloch ein wenig die Miene. „Wohl eher, damit sie beim Schädeleinschlagen weniger Hemmungen haben.“ Sie nahm den leeren Wasserkrug, stand auf und verließ das Zimmer. Ihr Mann hob sein Glas und schnupperte bedächtig am rubinroten Inhalt. „Rotwein und Keppeln“, sagte er, nachdem seine Frau die Türe hinter sich geschlossen hatte. „Regelmäßig, aber mit Maß. Das hält gesund.“ Er zog eine Schublade auf, holte ein zerknittertes Blatt heraus und reichte es mir. „Schwindelzettel“, sagte er und zwinkerte grinsend. „Für die tägliche Keppelpartie mit meiner Frau.“

Ich las Rotunterstrichenes über positive Auswirkungen moderaten Weinkonsums auf das Herz-Kreislauf-System, las von möglicher Krebsprophylaxe, von Gefäßerweiterung durch entzündungs- und thrombosehemmende Polyphenole und von insgesamt besserer Blutzirkulation. Herr Bloch nickte zufrieden. „Jetzt kommt's", sagte er, deutete auf den letzten Absatz und zwinkerte erneut. „Resveratrol", las ich in der nächsten Zeile. „Laut neuester Studien erhöht der im Rotwein enthaltene Stoff deutlich die Lebenserwartung verschiedener Organismen." Herr Bloch schnippte vergnügt mit den Fingern der rechten Hand und zeigte sodann auf sich. „Bingo", sagte er. „Alles Gute zum Neunzigsten! Wo, junger Freund, hat man den höchsten Gehalt von dem Zeugs festgestellt? Beim Blaufränkischen aus dem Burgenland. Da können sogar die Franzosen einpacken. Und darauf trinken wir jetzt. Gibt ja weiß Gott nicht viele Gründe, dass man stolz sein kann auf unser Land. Aber das Dingsbums da, das ... das ..." Er runzelte die Stirne und sah mich hilfesuchend an. „Resveratrol", sagte ich. „Genau", meinte Herr Bloch und hob sein Glas. „Das Dingsbums im Blaufränkischen macht aus mir glatt einen gesunden Patrioten. Lechajim!"

Anmerkung: Herr Bloch stand sein Leben lang jeder Form von Nationalstolz mit berechtigter Skepsis gegenüber. 1938 war er aufgrund seiner jüdischen Herkunft gezwungen, seine Geburtsstadt Wien zu verlassen, und entrann nur knapp dem Tode. Mehrere Mitglieder seiner Familie kamen im Konzentrationslager Mauthausen ums Leben. Ihr gesamter Besitz wurde beschlagnahmt und arisiert. Weder Herr Bloch noch einer seiner Verwandten wurde dafür nach Kriegsende entsprechend entschädigt.

REGEL UND AUSNAHME

Voraussage ist nicht gleich Voraussage. Während Propheten göttliche Stimmen hören oder irgendwelche Visionen empfangen und ihre anschließend verkündeten Verheißungen mittels Auftrag einer Gottheit legitimieren, bemühen sich Prognostiker mehr oder weniger redlich um rationale Begründungen und halten sich eher an die Wissenschaft. Allerdings fußen ihre Prognosen häufig auch auf Annahmen. Nur wenn diese sich als richtig erweisen, kann der Prognostiker mit Fug und Recht behaupten, die Zukunft korrekt vorausgesagt zu haben. Ich misstraue jeder Form der Prädiktion, folge dem Beispiel Albert Einsteins und denke selten an die Zukunft. Sie kommt, wie der weltkluge Physiker festgestellt hat, früh genug. Dann wird man schon sehen.

Leider ist das gelogen. Ich grüble, um die Wahrheit zu sagen, sehr wohl und sehr oft über die Zukunft nach. Nicht unbedingt über die eigene, aber über jene der Weine in meinem Leben. Ich spekuliere über Haltbarkeit, Reifepotenzial und ideale Trinkzeitpunkte, verkoste Fassproben und lausche dabei in Ermangelung göttlicher Stimmen jenen in meinem Inneren. Ich stehe im Keller, starre minutenlang auf eine Flasche und frage mich, was wohl an Genüssen und Erkenntnissen auf mich wartet, wenn ich sie dereinst öffne. Kurzum, ich folge ganz und gar nicht Einsteins

Beispiel. Aber wenigstens posaune ich meine weinbezogenen Zukunftsvisionen nicht permanent in die Welt hinaus und betätige mich selten als önologisches Orakel. Es gibt schon genug Propheten und Prognostiker, die alles besser wissen, noch bevor es geschehen ist.

Womit wir beim Grünen Veltliner im Burgenland wären. Der ist dort zwar die meistgepflanzte weiße Rebsorte, gilt aber vornehmlich als Ausgangsmaterial für „einfache Schankweine", wenngleich in letzter Zeit heftige Debatten darüber entbrannt sind, ob besagte Rebsorte in besagtem Bundesland nicht doch auch als „großes Gewächs" Zukunft hat. Die einen sagen: *Ja*. Die anderen sagen: *Nein*. Ich stehe dazwischen, ein Glas mit burgenländischem Veltliner in der Hand, rieche an dem ziemlich famosen Wein und sage: *Naja*. Ein Irrtum riecht anders. Weniger interessant, weniger ausdrucksstark. Keine Frage, was man an hochwertigen Veltlinern aus dem Burgenland bislang verkosten durfte, ist nicht gerade das übliche Programm. Man kann diese Weine mögen oder auch nicht mögen. Qualität und Eigenständigkeit ist manchen von ihnen jedoch definitiv nicht abzusprechen. Und letzten Endes ist es doch das, was zählt. Alles andere ist Geschmacksache.

Im Weinhandel oder im Marketing tätige Menschen wie auch manche Winzerinnen und Winzer werden nun einwerfen, dass man mit solchen Experimenten das Gros der Konsumentenschar nur verwirrt. Sortentypizität und regionaler Bezug sind laut ihrer Argumentation entscheidend, um einen Wein am Markt gut zu positionieren. Der typische Geschmack einer Region soll in die Flasche kommen und dementsprechend verkauft werden. Das ist zweifellos in vielen Fällen lobens- und empfehlenswert.

Aber Ausnahmen bestätigen bekanntlich die Regel. Individualität muss auch in der Weinwelt bei aller Liebe zu gemeinsamen Marken, zuordenbaren Stilistiken und Herkunftsbezeichnungen möglich sein. Wenn jemand im Burgenland einen schönen Grünen Veltliner in die Flasche bringt, der für sich, für den Charakter und die Philosophie des Betriebs und seiner Menschen und nicht zuletzt für das *Terroir* steht, dem er entstammt, dann werde ich dorthin fahren, meinen Hut ziehen und diesen Wein mit Genuss und Belehrung verkosten. Das österreichische Weingesetz ermöglicht allerhand. Ich finde das gut, weil es Starrheit verhindert. Beliebigkeit setzt sich auf lange Sicht ohnehin nicht durch. Wer gesichtslose, verwechselbare oder uniformierte Weine herstellt, wird die anspruchsvolle Kundschaft früher oder später verlieren. Ebenso sind Experimente ohne Hand und Fuß zum Scheitern verurteilt. Man sollte Rahmenbedingungen schaffen, die beides ermöglichen: Regel und Ausnahme. Deshalb erwähne ich erneut, dass es famose Grüne Veltliner aus dem Burgenland gibt. Schon Cicero wusste, dass die Erwähnung einer expliziten Ausnahme auf das Vorhandensein einer Regel in den nicht von der Ausnahme betroffenen Fällen schließen lässt. Ich denke, das sollte die Wachauer, Weinviertler, Wagramer, Wiener, Kamp-, Traisen- und Kremstaler und all die anderen Veltlinerspezialisten durchaus ruhig schlafen lassen. Jetzt und in Zukunft.

HINTER DEM HORIZONT

In der Schule lernt man, dass es auf dieser Welt *Landmassen* gibt, die in Meeren oder Binnengewässern liegen und auch bei Flut über den Wasserspiegel hinausragen. Sie sind vollständig von H_2O umgeben, bilden gelegentlich Gruppen und wurden früher, als noch nicht jeder Quadratmillimeter des Planeten vermessen und kartografiert war, für jene wahrhaft paradiesischen Gärten Eden hinter dem Horizont gehalten, nach deren sagenhafter Pracht sich alle Welt sehnte.

Diese sogenannten *Inseln* sind auch heute noch Sehnsuchtsorte. Der durchschnittliche Mensch ist häufig reif für eine von ihnen und träumt ebenso häufig von der großen Fahrt. Dennoch setzt er selten die Segel, weder im buchstäblichen noch im übertragenen Sinne. Allenfalls bucht er bei einem Reiseveranstalter einen Inselurlaub und fühlt sich dann ein paar Ferientage lang wie Robinson Crusoe. Natürlich hat er im Gegensatz zu Defoes Helden nicht Schiffbruch erlitten, sondern ist im klimatisierten Flugzeug inselwärts geflogen. Er muss sich nicht mit Kannibalen herumschlagen und hat keinen edlen Wilden namens Freitag zur Gesellschaft, sondern in der Regel den jeweiligen Lebensabschnittsmenschen sowie (je nach Inselgröße) Hundert- bis Hunderttausendschaften anderer Touristinnen und Touristen.

In der Schule lernt man meist nicht, dass es in diesem Leben Situationen gibt, die es zwingend notwendig machen, sich Inseln zu erfinden. Man lernt auch nicht, wie das geht. Die Inseln, von denen hier die Rede ist, sind *Zeitmassen*, die in den Meeren oder Binnengewässern des Alltags liegen und auch bei Flut über den Wasserspiegel hinausragen. Es sind jene wahrhaft paradiesischen Gärten Eden der Kontemplation, die hinter dem Horizont des Realen zu finden sein sollen und nach deren sagenhafter Pracht sich alle Welt sehnt. Sie bestehen (wie ihr Name schon sagt) aus Zeit. Zeit, der man aufgrund ihrer Qualität während des Erlebens und auch in der Rückschau die Attribute „wertvoll", „schön" oder „frei" verleiht. Wenn das Leben ein Ozean ist, dann sind diese Inseln das, woran man sich mit einem Lächeln erinnern wird, ehe man eines Tages das Zeitliche segnet. Der Rest ist nur Wasser. Sehr viel Wasser.

Ich kenne eine Frau und einen Mann, die überaus häufig über die Kunst des Augenblicks und die Suche nach jenen Inseln inmitten des Alltags sprechen. Eines Morgens beschlossen sie, den Worten Taten folgen zu lassen. Sie eilten unverrichteter Dinge zu ihren Schränken und begannen hektisch, ihre Sachen zu packen, als der Mann plötzlich innehielt. „Wieso sind solche Augenblicke bloß nicht öfter möglich?", fragte er in leicht vorwurfsvollem Ton. Die Frau hielt ebenfalls inne. „Sind sie doch", antwortete sie. „Nein", entgegnete der Mann und schüttelte traurig den Kopf. Eine Weile sahen die beiden einander schweigend an, dann wandte die Frau sich ab und ging langsam hinaus. Draußen vor dem Haus setzte sie sich auf eine Bank und starrte hinüber zu der Straße, die in der Ferne hinter dem Horizont verschwand. Der Mann stand im halbdunklen Zimmer vor dem geöffneten

Schrank und starrte stumm auf seinen Koffer. Der Augenblick war vorbei, jede Insel in unerreichbarer Ferne.

Als mir klar wurde, von wem diese Geschichte handelte, rannte ich in den Keller, um eine bestimmte Flasche zu holen. Ich hatte sie vor einigen Jahren von einer Insel am östlichen Rand des Indischen Ozeans mitgebracht. Meine Frau saß noch immer auf der Bank vor dem Haus und starrte hinüber zur Straße, die in der Ferne hinter dem Horizont verschwand. Ich reichte ihr ein Glas. „Tasmanischer Riesling", sagte ich. „Ein Inselwein. Sonderabfüllung. Ich hebe mir so etwas ja meistens ewig und noch ein bisschen länger auf, weil ich auf die eine, die ganz, ganz besondere Gelegenheit warte, die so einem Wein angemessen ist. Aber manchmal wartet man zu lang. Nicht aus der Sicht des Weins vielleicht, aber aus der eigenen."

Meine Frau sah mich an und lächelte. „Jetzt wird es echt bedenklich", sagte sie. „Du zitierst dich schon selber. Was du da gerade gesagt hast, stand vor einiger Zeit in einer deiner Kolumnen. Mehr oder weniger wortwörtlich." Ich war ehrlich überrascht. „Du liest meine Kolumnen?", fragte ich. Meine Frau nickte und zuckte dann mit den Achseln. „Gelegentlich", meinte sie. „Wenn mir ganz arg fad ist." Sie hob ihr Glas. „Auf die Insel", sagte sie leise. „Auf das Leben. Manchmal darf man es sich schon ein bissel schön trinken. Manchmal darf man sich auch wiederholen. Wenn man es nicht übertreibt."

Süßes Geheimnis

„Ich plaudere gar nichts aus“, sagte der weltweit bekannte Süßweinwinzer mit leicht säuerlicher Miene, „jedenfalls kein Geheimnis. Ist schließlich keine hochsensible und nur einem kleinen Kreis von verschworenen Eingeweihten zugängliche Information, dass Süßweine weit mehr sind als nur süßes Zeug. Das weiß inzwischen jeder, der sich ein bisschen für Wein interessiert. Trotzdem fristen unsere Süßen seltsamerweise immer noch ein Nischendasein. Im sogenannten Alltag, wohlgemerkt. Alles, was nicht staubtrocken ist, hat bei vielen Leuten einen gewissen, sehr speziellen oder nicht ganz einwandfreien Ruf. Jammerschade natürlich. Und einigermaßen blöd. Ich will raus aus dieser Nische. Mehr Süßwein unter der Woche, das ist die Devise.“

Ich nickte zustimmend und war ganz und gar der Meinung des leicht säuerlich dreinblickenden Süßweinwinzers. Wir saßen in einer kleinen Runde in einem asiatischen Restaurant, aßen (ziemlich) scharf und tranken (ausschließlich) süß. Es funktionierte prächtig. Einen ganzen, höchst ersprießlichen Abend lang goutierten unsere Geschmacksknospen die Kombination von intensiver Würzung und fruchtbetonten Weinen mit gut ausgewogener Säure. Der Winzer wirkte zunehmend entspannter. Sein missionarischer Impetus wurde augenscheinlich befriedigt und seine Miene entsäuerte sich. „Man weiß“, meinte er und schenkte uns eine Trockenbeerenauslese vom Welschriesling ein, „dass Österreichs finessenreiche Prädikate wirklich was können. Wir erzeugen das ja auch schon seit rund fünfhundert Jahren. Ich sage das in aller Bescheidenheit, aber man weiß, dass unsere Süßweine international Furore machen. Man weiß, dass es handverlesene Essenzen sind, die in vielen Fällen ewig und noch ein bisschen länger halten. Noblesse, unvergleichliches Aroma, enorme Vielfalt – alles da. Man weiß diese Dinge, aber man lebt nicht wirklich danach.“

Allerspätestens da fühlte ich mich zum Jünger des edlen Süßweinspenders auserkoren. Ich nickte abermals zustimmend und war zugleich ein bisschen beschämt. Er hatte exakt ins Schwarze getroffen. Herr und Frau Österreicher sowie ihre einschlägig bekannten Bekannten Max und Martha Mustermann, Otto Normalverbraucher, Lieschen Müller und auch die Jetti-Tant’ aus Apetlon (gerade bei ihr ist es angesichts ihres Wohnorts eine wahre Schande!) trinken ebenso wie ich (zu) selten süß. Der weltweite Siegeszug, den österreichische Prädikatsweine schon vor Jahren angetreten haben, hat noch immer nicht zum Sieg über das Vorurteil geführt, demzufolge diese Weine nichts für den Alltag sind. Ich nahm mich also bei der eigenen Nase, hielt sie in ein Glas Trockenbeerenauslese und warf mir insgeheim vor, ein Idiot gewesen zu sein, weil ich das bis dato nicht schon viel öfter praktiziert hatte.

„Ich gelobe, ab nun bei jeder sich bietenden Gelegenheit in Wort und Schrift für eine Normalisierung des Süßweingenusses einzutreten“, sagte ich mit fester, wenn auch ergriffener Stimme.

„Das ist würdig und recht", antwortete der Winzer huldvoll. „Immerhin funktionieren sie nicht nur als Ausnahmeschlücklein alle heiligen Zeiten oder in homöopathischer Dosis zum Abschluss eines gepflegten Abendmahls. Nein, sie eignen sich für jede Lebenslage." Ich nickte und nickte und nickte. Der Welschriesling aus seinem Hause, den wir gerade im Glas schwenken durften, war exakt, wie er ihn zuvor beschrieben hatte: nach Quitten und reifen Äpfeln duftend, mit lebendiger Säure und salziger Mineralik gesegnet. Und sein Nachhall war überirdisch.

Solche Weine, die Spät-, Aus-, Beeren- und Trockenbeerenauslesen, die gloriosen Ausbrüche wie auch die Eis- und Strohweine heimischer Provenienz, eignen sich nicht nur als Speisen-, sondern ebenso hervorragend auch als Meditationsbegleiter. Glauben Sie mir. Ein Glas, eine halbwegs bequeme Sitzgelegenheit und etwas Zeit. Mehr braucht es gar nicht, um eine Annäherung an den Seelenaggregatzustand der umfassenden Wonneseligkeit zu erleben. Der Rest ist Süße und Säure und Botrytisaroma in nahezu vollendet balancierter Harmonie.

Süßweine, Herrschaften. Von zufriedenen Jüngern empfohlen.

WEIN UND WISSEN

Die Bestellung war unmissverständlich und der Tonfall freundlich: „Bitte zweimal das Degustationsmenü mit Weinbegleitung, eine Flasche Wasser und als Aperitif zwei Gläser Muskateller." Der Gast am Nebentisch wandte sich wieder an sein Gegenüber, um das Gespräch fortzusetzen. Der Sommelier stand da, die Weinkarte in der Hand, ein sphinxisches Lächeln auf den Lippen. „Muskateller", sagte er und nickte versonnen. „Darf ich stattdessen etwas empfehlen?" Der Gast sah ihn fragend an. „Einen Weißen aus Neuseeland. Animierende Säure, brillante Frucht, ein wirklich erstklassiger Sauvignon blanc." Der Gast überlegte kurz, dann schüttelte er den Kopf. „Danke", sagte er, „aber wir bleiben beim Muskateller." Damit war alles geklärt, fand ich. Nicht aber für den ambitionierten Sommelier. „Selbstverständlich", meinte er zu dem Mann. „Muskateller. Gerne. Aber Ihnen entgeht was, glauben Sie mir. Der Sauvignon blanc ist unzweifelhaft exzeptionell." Der Gast hob leicht indigniert eine Augenbraue, was beim Sommelier ein kaum hörbares Seufzen hervorrief. „Danke", sagte der Gast erneut, „aber wie schon gesagt ..." Der Sommelier unterbrach ihn, indem er eine knappe Verbeugung andeutete. „Sie bleiben beim Muskateller. Kommt sofort." Er zog sich mit bemüht stoischer Miene hinter die Theke zurück. Für einen kurzen Moment meinte ich, Tränen in seinen Augen schimmern zu sehen.

Um eines klarzustellen: Ich mag Sommeliers. Wirklich. Ich mag ihren Berufsstand und ich mag das, was sie offerieren: Wein und Wissen. Von einer kundigen Sommelière oder einem kundigen Sommelier umsorgt zu werden, ist eine der wenigen Situationen, in denen es mir nicht peinlich ist, bedient zu werden. Im Gegenteil – ich genieße es sehr. Es gibt allerdings unter ihnen Menschen, welche die Vermittlung ihrer fraglos profunden Kenntnisse dermaßen ernst nehmen, dass die Sache irgendwann keinen Spaß mehr macht. Zum Beispiel kehrte der oben beschriebene Sommelier zwar mit dem gewünschten Muskateller zurück, servierte ihn aber mit halb säuerlicher, halb leidender Miene und konnte es offenbar nicht verwinden, dass der Gast auf seiner Bestellung bestanden hatte und nicht der horizonterweiternden Empfehlung des Sommeliers gefolgt war. Sozusagen als Kompensation (vielleicht auch als Rache) begann er, kaum hatte er den Muskateller kredenzt, den Stil des Weins wortmächtig und detailgenau zu beschreiben, erläuterte den Charakter des *Terroirs* und kam dann auf die önologische Philosophie der Winzerfamilie zu sprechen. Ich bin sicher, er stand ganz kurz davor, auch das Wesen der Winzerin und des Winzers zu schildern, ihren Werdegang sowie die Historie ihrer Familie bis zurück in jenes ferne Jahrhundert, als ihre Urahnen das Land urbar machten. Denn alles, auch ihr Sternzeichen, ihr Religionsbekenntnis, ihre sexuellen Neigungen und ihr Geschmack in Sachen Lebensart, Kunst und Kultur hat verdammt noch mal einen unleugbaren Einfluss auf ihre Weine und fand sich folglich auch in Spurenelementen in jenem Glas Muskateller, das der ignorante Volltrottel von Gast gerade in der Hand hielt. Hätte dieser ungebildete Kulturbarbar in seiner grenzenlosen, hohlköpfigen Banausenhaftigkeit nicht vehement darauf bestanden, das bestimmt völlig unbedeutende Gespräch mit seinem Gegenüber (garantiert auch ein hinterwäldlerischer Weinwissensverweigerer) fortsetzen zu wollen, statt Vorträge über ein „simples Glas Muskateller“ (o welch himmelschreiende Engstirnigkeit!) zu hören, so hätte der beflissene Sommelier wohl aus dem Stegreif eine druckreife Kulturgeschichte des Muskatellers zum Besten gegeben. So aber trollte er sich ohne weiteres Wort von dannen – mit einem Blick, welcher von der ihn umgebenden dumpfen Borniertheit mehrere Bände sprach. Allerdings ließ er es sich nicht nehmen, kurz darauf erneut wiederzukehren und dem komplett vernagelten Muskatellersäufer wortlos einen aktuellen Weinführer auf den Tisch zu legen, bei dem, soweit ich sehen konnte, das Kapitel „Sauvignon blanc“ aufgeschlagen war. Das amüsierte Kopfschütteln des Gastes ignorierte er mit hoheitsvoller Würde.

Ich musste lächeln und dachte an all die vielen Sommelières und Sommeliers, die wissen, dass weniger oft mehr ist, dass Gastfreundschaft nie mit Belehrung einhergehen sollte – und dass frei nach Antoine de Saint-Exupéry die Perfektion nicht dann erreicht ist, wenn man nichts mehr hinzufügen, sondern dann, wenn man nichts mehr weglassen kann.

Überfluss

„Ich leiste es mir, mir nicht einfach alles zu leisten“, sagte der Mann aus Wisconsin und zwirbelte versonnen seinen bereits ausgiebig gezwirbelten Schnurrbart, während er wie wir anderen auch den bunt schillernden Kolibri beobachtete, der gerade eine beeindruckende Demonstration seiner Schwirrflugkünste ablieferte und auf der Suche nach Nektar zwischen den roten Blüten des Hibiskus seitwärts, vorwärts, rückwärts und bisweilen auf der Stelle flog. „Gilt auch für mich“, fügte der weißhaarige, hakennasige Australier an, der seine Augen meist zu so schmalen Schlitzen zusammenkniff, dass man nie sicher sein konnte, ob er wach war oder schlief. „Wenn man sich jeden Luxus gönnt, nur weil man es kann, wird's furchtbar schnell langweilig.“ Der überaus englische Herr aus London im frisch gebügelten Khakihemd und der kurzen olivgrünen Hose, dessen leicht amüsierte Miene aus einem Lehrbuch für Gesichtsausdrücke im Geiste der *Englishness* zu stammen schien *(Appropriate expressions for the proper and quintessentially elegant British gentleman)*, hob seine rechte Augenbraue etwa zwei Millimeter höher. „Interessantes Statement“, meinte er, während er dem davonschwirrenden Kolibri nachblickte, „vor allem, wenn man bedenkt, welchen Luxus wir uns hier gerade genehmigen.“

Vier Männer aus drei Kontinenten saßen auf der schattigen Veranda einer so simplen wie geschmackvollen Lodge mitten im Mountain Pine Ridge Forest Reserve, einem einzigartigen Naturreservat im zentralamerikanischen Belize, blickten auf die üppig grüne Vegetation an den Ufern des Privasson River, der sich in scheinbar willkürlichen, wenn auch höchst pittoresken Schleifen durch den Regenwald mäanderte, und schwenkten ihre im milden Sonnenlicht funkelnden Weingläser, in denen sich eine gut gereifte Cuvée aus Cabernet Sauvignon, Merlot, Cabernet Franc und Petit Verdot aus der Appellation Rutherford im kalifornischen Napa Valley befand, während diverse Urwaldvögel ein vielstimmiges Abendkonzert gaben und der Himmel über den Kiefern am nahen Hügel langsam ein tieferes, irgendwie wehmütiges Blau annahm. Kurzum, die vier Männer hätten es wahrlich schlechter treffen können.

Tagsüber waren sie auf drahtigen Pferden durch die überwältigend schöne Landschaft der Provinz Cayo geritten, hatten die großartigen Ruinen von Caracol mit ihrer 43 Meter hohen Pyramide besucht, einen fast unwirklichen Ort in den Ausläufern der Maya Mountains an der Grenze zu Guatemala, wo während der Blütezeit der Mayakultur den Schätzungen der Historiker zufolge mehr als 115.000 Menschen gelebt hatten; sie waren nach ihrer Rückkehr im glasklaren, kühlen Wasser des Flusses geschwommen, der an ihren Cabañas vorbeifloss, und jetzt saßen sie kurz vor dem Abendessen gemeinsam auf der Veranda und tranken einen Wein, den der Hausherr der Lodge, ein weltbekannter Filmregisseur, ungefähr viertausend Kilometer von ihrem momentanen Aufenthaltsort entfernt produziert hatte.

Luxus ist per definitionem ein oft kostspieliger, den normalen Rahmen übersteigender, nicht notwendiger und nur zum Vergnügen betriebener Aufwand. *„Ich mag Schlichtheit, ich brauche keinen Luxus."* Der vielfach zitierte Ausspruch des Hausherrn vertrug sich, so der allgemeine Tenor der Viererrunde auf der Veranda, nicht so recht mit der Tatsache, dass wohl ein ziemlicher Aufwand betrieben werden musste, um seine Weine in den belizischen Regenwald zu transportieren. „Ohne Zweifel reinster Luxus", stellte der Brite mit eher untypischem Nachdruck fest und betrachtete zugleich mit kontrapunktischem Wohlwollen die tiefdunkle Farbe des Weines. „Natürlich definitiv nicht notwendig, dass wir hier mitten im Nirgendwo sitzen und diesem edlen Tropfen zusprechen, nicht wahr?" Der Mann aus Wisconsin hatte einen Einwand. „Wir tun es ja schließlich nicht jeden Tag", sagte er leise, fast ein wenig kleinlaut. „Ganz genau", pflichtete ihm der Australier bei. „Das nimmt dem Ganzen ein wenig die Schamlosigkeit." Der Brite lächelte. „Ich darf noch ein Zitat meines weltklugen Landsmannes Oscar Wilde beisteuern", sagte er und hob augenzwinkernd sein Glas. *„Man versehe mich mit Luxus, auf alles Notwendige kann ich verzichten."*

Mein persönlicher Luxus an diesem Abend am Ufer des Privasson River: Schweigen. Hören. Schauen. Riechen. Nicht nur den Wein, sondern die ganze Pracht, den Reichtum, die verschwenderische Fülle und den Überfluss des Lebens.

EINE LANZE FÜR NACHBARS WEINE

Vor Kurzem las ich, dass Österreichs Weinexporte wertmäßig seit 2006 jedes Jahr brav gestiegen sind. Das ist natürlich erfreulich für die hiesige Weinbranche, die 2014 um etwa 146 Millionen Euro heimische Weine international verkaufen konnte, was unzweifelhaft besser ist als der sprichwörtliche Stein am Schädel. Besonders bemerkenswert an den veröffentlichten Zahlen fand ich die Tatsache, dass Deutschland mit 55 Prozent Exportwertanteil aus österreichischer Sicht nach wie vor der wichtigste Markt ist. Der große Bruder trinkt also gerne die Weine des kleinen Bruders, um es einmal etwas familiär und nicht ganz geschlechtergerecht zu formulieren. Und umgekehrt?

Hierzulande wird, was man so sieht, hört und liest, auch immer öfter deutscher Wein genossen, aber freilich nicht annähernd in einem (proportional gerechnet) vergleichbaren Ausmaß, obschon meines Wissens nach Deutschland gleich nach Frankreich, Italien und Spanien der größte Weinexporteur Europas und sogar der achtgrößte weltweit ist und somit durchaus auch für österreichische Nasen und Gaumen allerhand zu bieten hätte. Deutscher Wein verkauft sich gut und trinkt sich gut. Warum nicht auch bei uns – jedenfalls nicht so gut, dass wir in den Statistiken eine halbwegs ordentliche Rolle spielen? Ich kann mich noch genau an Zeiten erinnern, als sich auf heimischen Weinkarten in der Regel nicht ein einziges Gewächs deutscher Provenienz befand. Wenn man nach deutschen Weinen fragte, erntete man in Restaurants und Vinotheken meist nur ein halb irritiertes, halb belustigtes Stirnrunzeln. Das hat sich zwar geändert, aber ganz friktionsfrei ist das deutsch-österreichische Verhältnis nach wie vor nicht. In Sachen Wein sind wir – um das Familiäre nicht erneut zu strapazieren – eher so etwas wie verfreundete Nachbarn.

Ich weiß schon, die meisten Liebhaberinnen und Liebhaber guter Tropfen denken, handeln und trinken allerorten multikulturell. Aber bei den Nicht-Freaks, bei den sogenannten Normalverbrauchern, da besteht, wie mir scheint, auch in unseren Tagen immer noch eine gewisse Bereitschaft zum Kampf der (önologischen) Kulturen. Selbst wenn der Kampf oft mehr ein Gerangel als eine ernst zu nehmende kriegerische Auseinandersetzung ist. Um gleich einmal bei den martialischen Metaphern zu bleiben: Ich breche hiermit bei meinen österreichischen Brüdern (und selbstverständlich auch bei meinen Schwestern) eine Lanze für deutsche Weine.

Probieren geht über Ignorieren. Über Diffamieren und Diskriminieren sowieso. Die Praxis wird, da bin ich fast sicher, diejenigen rasch überzeugen, die jetzt noch skeptisch sind. Man kann sich vielleicht sogar was abschauen: wie man zum Beispiel Rieslinge produziert, die aromareich sind, überaus lebhaft, von interessanter Struktur und großer mineralischer Tiefe – und das oft bei sehr niedrigem Alkohol. Leichtfüßig und schlank kommen sie daher: von der Nahe, der Mosel, der Saar, aus Rheinhessen oder anderen Anbaugebieten. Meine weinpatriotischen Landsleute sind, von den unerschrockenen Allestrinkerinnen und Allestrinkern einmal abgesehen, vielleicht noch immer ein wenig (zu) vorsichtig angesichts der deutschen Stilvielfalt. Dabei sind die Tage der *Liebfrauenmilch* wirklich längst gezählt. Keine halb(en)süßen Sachen mehr. Vielmehr leichte, staubtrockene, botrytisfreie Weine, die mit Finesse ihr *Terroir* erzählen. Prädikatsweine, die definitiv auch nicht von Pappe sind. Das Alterungspotenzial solcher Erzeugnisse aus deutschen Landen wurde ebenfalls bereits hinreichend festgestellt und entsprechend lobgepriesen. Vielleicht trage ich ja gerade Eulen nach Athen. Wenn dem so ist, erbitte ich die Vergebung der Leserschaft. Brüder, um doch noch einmal familiär zu werden, sollten einander jedenfalls achten – ungeachtet ihres Größenunterschieds. Wenn aber – wie im Falle von Deutschland und Österreich – der eine nicht selten von oben auf den anderen herabsieht oder wenigstens diesen Eindruck erweckt, während der andere meistens raufschaut, sich innerlich zwar irgendwie ein bisschen geringer, zugleich aber auch überlegen fühlt und es ihn folglich enorm wurmt, dass er immer blöd raufschauen muss, dann entsteht ein heikles Amalgam von Gefühlen. Das beste Antitoxin? Wein. Deutscher und österreichischer. Uns trennt und verbindet mehr als nur die gemeinsame Sprache.

ANGEBOT UND NACHFRAGE

„Früher war's halt anders", meint der Winzer lakonisch, während er den Blick über die sonnenbeschienenen Weinberge schweifen lässt, „jedenfalls bei uns da. Man hat einfach das produziert, was sich gut verkauft hat. Die Nachfrage bestimmt das Angebot, hat's geheißen. Und keiner hat es wirklich hinterfragt. Vor einigen Jahren steht der Vater dann eines Tages nach der Ernte im Keller, kratzt sich so komisch am Bart, schaut mich an und sagt plötzlich, dass er einmal im Leben nicht den Wein machen will, den andere wollen, sondern den, den er will."

Der Winzer blinzelt kurz in die hochstehende Sonne, dann blickt er fragend zu seiner Frau, die ein paar Meter von ihm entfernt zwischen den Rebzeilen wartet, die Hände in den Hosentaschen, die Mütze mit dem ausgefransten Schirm tief in die Stirne geschoben. „War eine echte Kehrtwendung damals", sagt er zu ihr. „Stimmt doch, oder?" Seine Frau nickt knapp, dann gehen die beiden langsam auf dem schmalen Weg durch den Weingarten hangabwärts. „Ist scheinbar ganz einfach, so eine Entscheidung. Aber für manche ist es eine echte Überwindung. Nicht, weil sie's nicht wollen oder können, sondern weil sie glauben, sie dürfen es nicht. Von wegen Angebot und Nachfrage."

Das junge Paar gehört zu einer der ältesten Winzerfamilien des Landes. Wenn die beiden über ihre Arbeit sprechen, dann hat man das Gefühl, sie sprechen über einen Teil ihrer selbst, der für sie von ebensolcher Bedeutung ist wie ihre Hände, Beine, Augen, Nasen oder Zungen: unentbehrlich, nicht wegzudenken, einerseits selbstverständlich und zugleich doch in seiner bloßen Existenz immer wieder erstaunlich. Etwas, dessen Wert man jeden Tag mit Dankbarkeit registriert. „Wenn du deine Arbeit nur machst", sagt der Winzer und entfernt mit einer geübten Bewegung einen Doppeltrieb bei einem der Rebstöcke, „damit du irgendeine Arbeit machst, dann ist es die falsche. Vielleicht ist ja alles nur Einbildung, aber ich finde, man riecht's und man schmeckt's im Wein." Wieder blickt er zu seiner Frau. „Oder?" Die Winzerin antwortet nicht gleich. „Wird schon so sein", sagt sie schließlich mit einem kurzen Lächeln. „Der Wein muss einen Sinn machen. Den erkennen die Leute beim Trinken. Jedenfalls die aufmerksameren. Auch wenn das Erkennen unbewusst passiert. Klingt wahrscheinlich alles einigermaßen überzogen, aber irgendwie stimmt's halt für uns. Wir stellen das immer wieder fest, wenn wir eine Verkostung machen. Ist das nicht bei jeder Arbeit so? Wenn sie keinen Sinn für dich macht, dann machst du sie auch nicht gut."

„Genau das meine ich", wirft der Winzer ein. „Der Vater hat den eigenen Wein jahrelang nicht getrunken, er hat ihn nur verkauft. Aber irgendwann hat's ihm nimmer gereicht, dass er finanziell ganz gut leben kann." Der junge Mann deutet mit einem knappen Kopfnicken in Richtung Stadt, deren Häusermeer in der dunstigen Ferne zu sehen ist. „Den Leuten auf den Schulen sollten's nicht nur beibringen, wie man mit irgendwas marktstrategisch Erfolg hat. Bevor ich mich mit der Nachfrage beschäftige, muss ich doch zuerst einmal rausfinden, was ich überhaupt im Angebot haben will."

Es gibt, denke ich, auch so etwas wie ein geistiges *Terroir*. Eines, das die zum Teil naturgegebenen, zum Teil durch Herkunft, Erziehung, Umfeld und Prägungen bestimmten Merkmale eines Menschen beschreibt, welche zusammenwirkend sein Wesen bilden und in ihrer Gesamtheit sein Leben und demzufolge auch seine Arbeit beeinflussen. Ich glaube auch, dass die Eigenschaften eines Weines in gewisser Weise die Eigenschaften der Menschen widerspiegeln, die ihn herstellen. Zumindest aber erzählen sie von deren Einstellung zu ihrer Arbeit. Qualitätsvolle Arbeit sollte entsprechend honoriert werden. Es ist auch die Aufgabe der Politik, dafür die geeigneten Rahmenbedingungen zu schaffen. Leider geschieht das gegenwärtig oft nicht in entsprechender Weise. Der Schriftsteller Josef Haslinger hat schon vor fast dreißig Jahren festgestellt: „Politik tritt den realen Verhältnissen nicht mehr ordnend entgegen, sie reagiert nur noch auf die vom Markt produzierte Gefühlslage."

Angebot und Nachfrage. Was wodurch bestimmt wird, muss vielleicht von Fall zu Fall beantwortet werden. Die Entscheidung, was für einen selbst bestimmend ist, sollte man aber in keinem Fall anderen überlassen. Weder beim Wein, noch bei den restlichen Dingen des Lebens.

SCHWEINSBRATEN VELTLINERT FAMOS

oder
Von Braten, Knollen, Weinen und Basilisken

Prägungen sind etwas Bleibendes. Die Verhaltensforschung definiert sie als irreversible, unser Verhaltensrepertoire mitbestimmende Formen des Lernens, ausgelöst durch Reize, denen wir während sensibler Phasen ausgesetzt sind. So weit, so wissenschaftlich. Ich muss in einer hochsensiblen Phase gewesen sein, als ich in einer ganz spezifischen kulinarischen Hinsicht für die Dauer meines irdischen Lebens geprägt wurde, denn anders lässt sich mein Verhalten kaum erklären. Es geht um Schweinsbraten und Grünen Veltliner.

Ich mag beides sehr, sowohl den Braten in allen nur denk- und essbaren Varianten als auch den Wein in all seinen formidablen Spielarten. Die Kombination von beidem aber liebe ich von ganzem Herzen, ganzer Nase und ganzem Gaumen. Das hat wohl auch mit Sätzen zu tun, die sich mir derart eingeprägt haben, dass ich förmlich die Vertiefungen des Prägungsreliefs in der ebenen Werkstückoberfläche meines Geistes spüre, um es einmal etwas weniger wissenschaftlich zu formulieren.

Der eine Satz lautet: *Schweinsbraten muss erdäpfeln.* Man beachte das schöne Verb am Ende dieser Behauptung. Für etwaige bundesdeutsche Leserinnen und Leser: *Schweinebraten muss kartoffeln.* Wer auch immer diese Behauptung aufgestellt hat (zu meiner Schande muss ich gestehen, dass mir Details zur Urheberschaft entfallen sind), wollte zweifellos und unmissverständlich zum Ausdruck bringen, dass die Kombination des geschmorten Fleisches mit den mitgegarten Knollen des Nachtschattengewächses Solanum tuberosum der Kombination mit anderen Beilagen (traditionellerweise Semmelknödel) unbedingt vorzuziehen ist. Ich würde das zwar als bekennender Vielfaltsjunkie nicht so unbedingt behaupten, ziehe allerdings die Grundbirne als Schweinsbratenbegleiterin anderen Begleitungen auch meistens vor, ohne dass ich damit freilich bayerische, österreichische oder böhmische Bratenaficionados und ihre althergebrachten Vorlieben beleidigen möchte.

Ich füge noch eine weitere Behauptung hinzu: *Schweinsbraten veltlinert famos.* Please try it at home and elsewhere. Besonders gereifte Weine der Rebsorte Grüner Veltliner weisen eine geradezu ideale Eignung als Schweinsbratenbegleitung auf. Das erfuhr ich allerspätestens, als mich mein lieber Freund Thomas Maurer, der nicht nur als Satiriker, sondern auch als Koch Großes vollbringt, eines lang vergangenen Tages zum Essen einlud. Es wurde neben anderen Köstlichkeiten ein wirklich ausgezeichneter (heftig erdäpfelnder) Schweinsbraten serviert und es fiel ein weiterer prägender Satz, den Freund Maurer knurrte, als ich zum Hauptgericht ein Glas Rotwein genießen wollte. Der Satz lautete: *Ein Roter ist selten schweinisch.* Ich begriff einigermaßen verzögerungsfrei, dass es dem passionierten Hedonisten Maurer nicht um die mehr oder weniger naheliegenden ideologisch-sexuellen Bedeutungen ging. Er prägte mit dem Diktum vielmehr auf der bereits erwähnten ebenen Werkstückoberfläche meines Geistes ein bleibendes, verhaltensbestimmendes Relief. Ich lasse den Braten fast ausnahmslos veltlinern, seit es mir mein diesbezüglicher Lehrmeister mit einem unvergesslichen Wachauer Grünen Veltliner aus einem legendären Jahrgang der 1980er-Jahre beigebracht hat, welchen er aus den geheimnisvollen Tiefen seines Kellers holte, wo er ihn, wie ich mir manchmal vorstelle, einem dort hausenden, neidig keppelnden Barockbasilisken entrissen hatte, dessen Atem nicht giftig, sondern veltlinergesättigt war, weil das grauslige mythische Mischwesen nämlich selber nur allzu gerne diesem Weine zusprach und folglich den kostbaren Tropfen partout nicht hergeben wollte. Mein kluger Freund Maurer schweigt zwar zu meiner Basiliskentheorie beharrlich, aber eine andere Erklärung für das rätselhafte Verschwinden zahlreicher Flaschen aus seinem Keller hat auch er nicht parat.

Sei es, wie es sei, mittlerweile erlebe ich jedenfalls beglückt, dass sich seine frohe Botschaft überall verbreitet. Als ich unlängst aus beruflichen Gründen nach Frankfurt am Main reiste und nach getaner Arbeit in einem italienischen Restaurant, das mir jemand empfohlen hatte, eine ziemlich perfekte Porchetta aß, servierte mir der aus Siena stammende Kellner mit weihevoller Miene dazu einen gereiften Grünen Veltliner aus dem Kamptal. Und er tat recht daran. Dank sei Dir, o Thomas.

Vatikanische Zwillingsformel

Es liegt auf der Hand, dass ich als Mensch, der vom Schreiben lebt, häufig was schreibe. Meistens verwende ich dafür klassische Notizbücher, die ich auf Vorrat kaufe, fast ohne Unterlass mit Beobachtungen, Gedanken, Skizzen und Erinnerungshinweisen fülle und daheim in ungeordneten Stapeln horte. Falls ich ausnahmsweise kein Notizbuch bei mir habe, tun es auch lose Zettel, Papierservietten oder meine beiden Handflächen. Selbstverständlich weiß ich nie, wo ich was aufgeschrieben habe, was zwar den Sinn der ganzen Sache infrage stellt, dafür aber einen schönen Nebeneffekt hat: Wenn ich nämlich Monate oder sogar Jahre später meine Notizen im Zusammenhang mit Dingen oder Begebenheiten entdecke, die ich längst komplett vergessen habe, freue ich mich wie ein Paläograf über den Fund einer verschollen geglaubten antiken Handschrift.

So ging es mir auch unlängst, als ich eine zerknitterte Wirtshausrechnung fand, auf deren Rückseite Folgendes notiert war: *Vatikanische Zwillingsformel – H. D. fragen*. Ich gebe zu, das war zunächst selbst für mich etwas kryptisch. Aber nach und nach kam die Erinnerung. An dem Tag hatte ich Hans Denk, den legendären, nicht nur önologisch umfassend gebildeten und geradezu heidnisch charismatischen Botschafter des Kulturgutes Wein, in seinem Lieblingswirtshaus getroffen und mit ihm und einigen Freunden ein vorzügliches Sonntagsmahl mit entsprechender Weinbegleitung genossen. Wir hatten Hans Denks Gedanken und Expertisen zum Rebensaft als Mysterium des Lebens gelauscht – und später sogar seinem elaborierten Trompetenspiel. Es war ein wunderbarer Sonntagnachmittag, der die These des Weinpfarrers aufs Schönste bewies, der zufolge dort, wo Wein wächst, die Menschen in der Regel entgegenkommender, kommunikationsfreudiger und offener für andere Formen der Kultur sind.

In der Woche darauf hatte ich irgendwo gelesen, dass nirgends auf Gottes weitem Erdboden so viel Wein gepipelt wird wie im Vatikan. „Die Pfaffen saufen", würde der durchschnittliche, areligiöse Verschwörungstheoretiker jetzt nüchtern feststellen. Und er hätte sogleich ein paar zünftige Theorien parat, welche schlüssig erklären, warum der kleinste Staat der Welt offenbar die größten Säufer beheimatet.

1. *Enthemmte Messweinorgien während der Gottesdienste.*
2. *Das überaus günstige, weil fast steuerfreie Rebensaftangebot im vatikanischen Supermarkt.*
3. *Bei den nicht einmal tausend Menschen, welche die 0,44 Quadratkilometer kleine Enklave in Rom bevölkern, handelt es sich in der Mehrzahl um Männer, die meist in größeren Gruppen speisen, was den Alkoholkonsum immens anregt (siehe „Rudelverhalten").*
4. *Im Vatikan fehlt fast gänzlich ein wesentliches Element der weltbekannten Drillingsformel für ein freudvolles Leben*

(„Wein, Weib und Gesang"): das Weib nämlich, das nur in Form von keuschen Ordensfrauen anzutreffen und wegen des Zölibats tabu ist. Die Absenz des angeblich schwachen und sündhaften, aber verführerischen Geschlechts wird von den christlichen Hirten traditionellerweise kompensiert, indem sie den anderen beiden Elementen besagter Drillingsformel mit besonderer Hingabe zusprechen. Ergo wird rund um den Petersdom praktisch ohne Unterlass Wein gesoffen und gesungen („Vatikanische Zwillingsformel").

Die Theorie Nr. 4 ist eine besonders herz- und geisterwärmend krude Überlegung, wie ich finde. Dass der Vatikan die ungeschlagene Nummer eins im weltweiten Weinverbrauch ist und dass der Staatenwinzling andere, seit jeher weinaffine Nationen wie etwa Frankreich oder Italien locker abhängt, ist in Wahrheit aber wohl eher dem Umstand geschuldet, dass im Kirchenstaat keine Kinder leben, die überall sonst den Durchschnittsverbrauch verwässern, weil sie bei statistischen Erhebungen zur Bevölkerung dazugezählt werden. Oder, lieber Weinpfarrer Denk? Ich habe Hans Denk seitdem nicht mehr getroffen. Meine Frage ist also noch unbeantwortet. Und auch wieder nicht. Denn jedes Mal, wenn ich an ihn denke, erinnere ich mich an drei Sätze, die er irgendwann fast beiläufig in Gespräche einstreut und die aus meiner Sicht nichts als Wahrheiten sind.

1. *Wein trinkt man nicht, man genießt ihn.*
2. *Das Leben ist eine Landschaft. Und an ihren schönsten Stellen wachsen Reben.*
3. *Der Chef sieht es gerne, wenn es seinem Bodenpersonal gut geht.*

DAS (FAST) EWIGE LEBEN

Das Rot war das eines Granatapfels. Der lateinische Begriff fiel mir ein, als ich den Wein langsam einschenkte: *puniceus*. Er hatte mir das Wort damals genannt, als er mir die Flasche schenkte, hatte es zweimal hintereinander mit etwas überdeutlicher Artikulation ausgesprochen, nicht ohne einen gewissen, wenn auch leisen Stolz auf sein etymologisches Wissen zu zeigen, das weitgehend frisch und abrufbar geblieben war, seit er viele Jahrzehnte zuvor sein Medizinstudium unter anderem mit Lateinnachhilfestunden finanziert hatte. *Puniceus*. Granatrot. Er nickte zufrieden und nannte mir auch den lateinischen Namen der kernreichen Frucht: *Punica granatum*. Der punische Apfel. Die Römer hatten ihn im phönizischen Karthago kennengelernt, in der Stadt der Punier, daher auch der Name. „Du wirst sehen", sagte er, „wie ein Granatapfel wird er leuchten, wenn du ihn eines Tages im Glas hast. Der Winzer in Montalcino, bei dem ich ihn gekauft habe, ist übrigens der festen Überzeugung, dass der Apfel, den Prinz Paris der Göttin Aphrodite überreichte, ein Granatapfel war. Allein schon wegen der Farbe. Und hätte er ihr Wein gereicht, wär's ein Brunello gewesen." Er lächelte und zuckte mit den Achseln. „Du musst ihn jedenfalls liegen lassen, er braucht noch gut und gerne zehn Jahre. Aber dann werden sich, prophezeit der Winzer wohlgemerkt, ein paar dunklere, fast blaue Töne in das Rot mischen, ein bisschen Braun möglicherweise – dort, wo die Farbe tiefer wird. Der Wein wird balsamisch werden, er wird nach Veilchen duften, nach Zwetschgen vielleicht, nach Weichseln oder wilden Brombeeren, nach Kardamom, Tabak oder Feuerstein; er wird samtig sein, vollmundig und frisch zugleich, wird einen saftigen, festen Kern haben, eigenwillig und unverwechselbar – und einen ewigen Nachhall." Mein Vater blickte mich mahnend an. „Aber nur, wenn man ihn liegen lässt. Jetzt hat er zu viele Kanten und Ecken, das Tannin ist noch nicht fein und elegant. Nach ein paar Jahren gibt sich das. Dann hat er ein nahezu ewiges Leben. Naja, mal schauen."

Ich habe den Rat meines Vaters befolgt. Aus den zehn Jahren sind allerdings zwanzig geworden. Die Flasche blieb unangetastet, sie ruhte behütet und sozusagen als *prima inter pares* in der toskanischen Ecke meines Kellers unter den anderen Flaschen aus dem Anbaugebiet bei Montalcino. Als ich sie schließlich vor einigen Wochen entkorkte, war derjenige, der sie mir geschenkt hatte, nicht da, um den Genuss mit mir zu teilen. Mein Vater starb vor über dreizehn Jahren. Es gibt Augenblicke, in denen ich es immer noch nicht glauben kann. Und es vergeht kein Tag, an dem ich nicht an ihn denke. Als er ging, fiel ich in ein Schweigen, das nicht barmherzig war. Es kam mir so vor, als gäbe die Sprache im Dunkel der Trauer kaum Licht. Darum stand ich an seinem Grab und bat alle Menschen, die zu seinem Abschied gekommen waren, um Geschichten. Ich bat sie, einander von Zeit zu Zeit Geschichten zu erzählen, in denen mein Vater lebt. Seitdem rufe ich mir diese Bitte selbst immer wieder ins Gedächtnis und ich erzähle Freunden davon, die jemanden verloren haben.

Das Leben ist Verwandlung und der Wechsel die einzige feste Form.

Ich erinnere mich gut, mein Vater liebte die Weine aus den Weingärten in den Colli Senesi, die nach überaus strengen Regeln aus dem Sangiovese-Grosso-Klon hergestellt werden, den Ferruccio Biondi-Santi erstmals in der zweiten Hälfte des 19. Jahrhunderts selektioniert und nach langer Lagerung in Eichenfässern in Flaschen gefüllt hat. Mein Vater liebte die Aromen der großen Brunellos, ihren warmen, trockenen Geschmack, die kräftigen Körper und markanten Gerbstoffgerüste. Er liebte auch die Landschaft zwischen den Flüssen Orcia, Ombrone, Ente, Merse und Asso, wo das Tor zur Maremma weit offen steht und der Wind vom Tyrrhenischen Meer herüberweht; und er liebte Montalcino, den Ort am Steineichenberg, wo seit Jahrtausenden Menschen siedeln und wo nach den Etruskern, den Römern und den Benediktinermönchen von Sant'Antimo in unserer Zeit eine neue Generation von Winzerinnen und Winzern auf dem alten, kargen und steinigen Boden Reben pflanzt, von denen manchmal ein Wein kommt, der ein (fast) ewiges Leben hat.

Es war so, wie der Winzer es prophezeit und mein Vater es mir weitererzählt hatte. Leuchtendes Granatrot. Ein paar dunklere, fast blaue Töne, ein bisschen Braun. Aromen ohne Ende. Ein Wechselspiel von Kräften. Und ein Nachhall, der nicht aufzuhören schien. Großer Wein ist immer auch eine gute Geschichte.

WEIN DRÜBER

Der Frühling kam heuer ungewöhnlich früh. Jedenfalls da, wo ich lebe. Noch ehe das neue Jahr überhaupt begonnen hatte, war er absurderweise schon da. Zu Weihnachten nämlich. Mit eindeutig maienhaftem Sonnenschein und blühenden Gänseblümchen auf der Wiese vor unserem Haus, mit lustig zwitschernden Vögeln in knospenden Bäumen und einer lichtbedingt lenzhaften Ausschüttung von diversen Neurotransmittern. Frühling zu Weihnachten. Ich weiß nicht so recht. Irgendwie hat es mir ja gefallen, das gebe ich zu. Ich mag die Wärme, ich mag das Licht und ich schütte für mein Leben gern Dopamin aus – auch in der angeblich stillsten Zeit des Jahres. Klimatisch war (und ist) das allerdings doch irgendwie bedenklich. Oder?

Die eisige Hochnebelsuppe, die derzeit oft rundum serviert wird, ist nicht wirklich nach meinem Geschmack, aber sie passt halt zur Jahreszeit. Ich bin kein Klimatologe und trotzdem sagt mir irgendetwas (der Hausverstand, die Logik, ein biostrategischer Sinn?) ganz unmissverständlich, dass es dem alten Sprichwort gemäß nicht lenzen soll, ehe es gewintert hat. Als Weinliebhaber sinniert und lamentiert und pseudophilosophiert einer wie ich natürlich immer wieder über das Thema „Wein und Wetter“

(bei Bedarf nachzulesen in der gleichnamigen Kolumne). Man macht sich ernste Gedanken und ebenso ernste Sorgen – und wenn dann zu Weihnachten in unseren Breiten an manchen Orten (wie etwa in meinem Garten) die Kirschbäume blühen, ist man der festen Meinung, dass da irgendetwas nicht stimmen kann und dass bei aller Flexibilität der Pflanzen (Weinreben sind ja bekanntlich Anpassungskünstler) irgendetwas angesagt ist. Aber was? Innehalten? Was bitte bringt das!? Gegenmaßnahmen? Schon. Aber welche?

Das ist wirklich die Frage: Wie reagieren Wein und Menschheit auf die unleugbar veränderten Lebensbedingungen aufgrund des weltweiten Klimawandels? Seit ich in dieser Kolumne vor mittlerweile über vier Jahren geschrieben habe, dass man in meteorologisch seltsamen Zeiten einfach über das Wetter reden *muss*, bin ich klimatologisch nicht wirklich gescheiter geworden. Das liegt (auch) an Sommern wie dem letzten. Der war nämlich so dermaßen sommerlich, dass es gar nicht sommerlicher geht. Ein Prachtbursche sozusagen. Exakt so stellt sich ein Laie wie ich den Sommer vor: Sonnenschein, Sonnenschein, Sonnenschein. Ununterbrochen. Wochenlang. Einfach herrlich. Man lebt lichtdurchflutet und wärmegesegnet und praktisch nur in der Badehose. Es könnte glatt immer so sein.

Und (fast) das Beste an allem: Dem Wein hat es auch gefallen. Was man so hört (und zum Teil fassprobenmäßig verkostet), hat der Sommer 2015 den Trauben landauf, landab nicht geschadet – im Gegenteil. Der Trockenstress in den Weingärten hielt sich bei ausreichender Pflege und bei entsprechenden Maßnahmen in Grenzen, Weiße wie Rote machen in allen Anbauregionen eine gute Figur, gesundes Traubenmaterial und schöne Zuckergrade versprechen vielschichtige, fruchtig-aromatische und gehaltvolle Weine. Wo die Weingärten vom Hagel verschont wurden, stimmen Qualität und Quantität im Großen und Ganzen, vielerorts gab es eine ziemlich perfekte Reifeentwicklung, kaum Botrytis, bei passendem Timing keine Aromenverschiebungen durch Überreife und eine Bilderbuchlese in einem Bilderbuchherbst. Nicht wenige Winzerinnen und Winzer sind demgemäß einhellig der Meinung, dass 2015 als sehr, sehr, echt sehr guter Jahrgang mit ausnehmend ausdrucksvollen Weinen in die Annalen eingehen wird. Nach dem „säuerlichen" Jahrgang 2014 ist das doch eine ausgezeichnete Nachricht.

Und das Wetter? Die Wüstentage und die Tropennächte? Die langen Hitzeperioden mit den Temperaturen weit jenseits der dreißig Grad Celsius? Die beunruhigend apokalyptischen Hagelstürme? Ach, das Wetter. Schwamm (oder vielmehr Wein) drüber. Der Mensch vergisst. Im Wein liegt die Wahrheit. Oder?

Hm.

Während ich diese Zeilen schreibe, hat es zu schneien begonnen. Es ist Jänner, die Nacht war bitterkalt und am Fenster zum Garten blühen Eisblumen. Und irgendwie finde ich das gut.

WEHRET DEN MISCHMASCHS!

Man könnte (etwas vereinfachend) das Folgende behaupten: Was von Theologen *Synkretismus* genannt wird, heißt in der Önologie *Cuvée*. Bei Ersterem bilden antagonistische religiöse Lehren eine Synthese, beim Weinmachen werden Rebsorten mit divergierender Charakteristik, Traubenpartien aus mehreren Lagen oder auch unterschiedlich vinifizierte Chargen zu einem *Verschnitt* (tut mir leid, liebe Germanistikgemeinde, aber *Mariage*, *Assemblage* und sogar *Coupage* oder *Blend* klingen allesamt besser) vermischt.

Da wie dort gelingt die Übung nicht immer. Heraus kommt nicht selten ein Mischmasch, den man weder glauben noch (ver)kosten mag. In Sachen Religion werde ich mich tunlichst vor Kommentaren oder Bekenntnissen hüten. Nicht aus Furcht vor theologischem Glatteis, vor möglichen Konsequenzen wie Bannflüchen, Verfemungen oder dem Zorn irgendwelcher Götter. Auch nicht, weil ich zu dem Thema keine Meinung habe. Ich denke bloß, dass dies der definitiv falsche Rahmen ist, um selbige kundzutun. Und mit dem Kundtun habe ich generell so meine Schwierigkeiten. Die (häufig selbst ernannten) Heilsverkünder und Dogmatiker, welche in jüngerer Zeit wieder Konjunktur zu haben scheinen, gehen mir ziemlich auf den Geist.

Ich finde, jedes Menschenwesen sollte unbehelligt an was oder wen auch immer glauben dürfen. Zum Grundrecht der Religionsfreiheit gehört bekanntlich aber auch die Freiheit *von* Religion. Ergo muss keiner glauben, der nicht glauben will. Im Laufe der Menschheitsgeschichte ist im Namen der diversen Götter fürwahr genug Unheil geschehen, das reicht für ein Planetenleben. Ich persönlich (oje, doch ein kurzer Kommentar!) halte es irdisch mit Charles-Louis de Secondat, dem weltklugen Baron de La Brède et de Montesquieu: „Wenn Dreiecke einen Gott hätten, würden sie ihn mit drei Ecken ausstatten."

Zurück zum Wein und zu den *Cuvées*. Das Ganze hat laut Lehrmeinung den Sinn, die Qualität des Endresultats zu erhöhen. Wahre, fingerspitzengefühlvolle Kellermeisterschaft komponiert aus diversen Verschnittanteilen harmonische Weine, die insgesamt besser sind als ihre einzelnen Teile. Leicht gesagt, oft aber schwer getan. Haben Sie als sogenannte Endverbraucherschaft nicht auch häufig das Gefühl, dass – polemisch formuliert – in einigen Fällen mehr oder minder einfach irgendwas zusammengepanscht wurde? Dass sich der negative Beigeschmack, den das Wort *Verschnitt* sowieso schon hat, beim Verkosten nicht verflüchtigt?

Wenn die *Mariage* keine Liebesheirat war, kann man mich mit der jeweiligen *Cuvée* jagen. Sie wird mir nicht munden (bzw. nasen), weil sie irgendwie nach allem und nichts schmeckt und riecht. Solche Weine sind fast exakt so wie andere Weine woanders auch. Sie haben einen verwechselbaren Charakter und keine Identität. So ich irgendwo dem Terminus „Cuvée internationalen Zuschnitts" begegne, werde ich sofort misstrauisch. Und wenn uniformierter Geschmack auch noch missionarisch verbreitet wird, kriege ich a tempo die Krise. Als Prediger würde ich im heiligen Zorn und mit Donnerstimme andauernd von irgendeiner Kanzel Sätze wie diesen schleudern: „Epigonentum, o ihr Kleingläubigen, ist eine Sünde!“

Aber ich bin wahrlich kein Apologet irgendeiner reinen Lehre und schon gar kein Weinreligionsstifter, also predige ich nicht vom Glaubensgrundsatz der Sortenreinheit. Natürlich ist das Cuvetieren oft eine feine Sache; es gibt aus jedem Jahrgang unzählige gelungene Beispiele dafür. Ich mag es, wenn sich Gegensätzliches verbindet und wenn sich Individualisten zu einem Team zusammenfinden. Das gilt für Menschen und für Weine. Allerdings bedarf es, damit die Übung gelingt, der gewissenhaften Suche nach dem Gemeinsamen ebenso wie der Pflege der Unterschiede. Und es muss wohl – wie auch in den viel genannten und viel kritisierten multikulturellen Gesellschaften – einen übergreifenden Wertekonsens geben. Bei Religionen und Kulturen kann dies der ausnahmslos gültige Maßstab der universellen Menschenrechte sein. Beim Wein wäre es (unter anderem) der Maßstab der charaktervollen Unverwechselbarkeit. Wenn schon Heirat, dann bitte Liebesheirat. Reine Zweckehen gehen selten wirklich gut und haben immer einen schalen Beigeschmack.

SCHÖN TRINKEN

Anmutig. Das Wort kommt mir ansatzlos in den Sinn, als sie mit einer kurzen Bewegung ihr dunkel schimmerndes Haar in den Nacken wirft. Ich schlucke trocken und sie lächelt so geheimnisvoll, als gälte es, einen Femme-Fatale-Wettbewerb zu gewinnen. Nur leider nicht für mich. Ihr Augenaufschlag gilt dem Kerl, mit dem sie am Nebentisch sitzt und der gerade eine dermaßen lässig-maskuline Pose einnimmt, dass Cary Grant, Humphre Bogart, George Clooney und alle anderen einschlägigen Role Models augenblicklich zu einer amorphen Horde hinterwäldlerischer, pathologisch verklemmter Troglodyten verblassen. Sanft flackert das Licht der Tischkerze und lässt den schweren Rotwein in den Gläsern verheißungsvoll funkeln. Die beiden adorablen Menschenwesen tauschen einen marianengrabentiefen Blick und das Leben könnte definitiv nicht romantischer sein.

„Alles Humbug."

Das eindeutig nüchterne Urteil stammt von meinem Gegenüber, einem alten Freund, mit dem ich mich einigermaßen regelmäßig zum Weinliebhaben nebst gepflegter Nahrungsaufnahme in wechselnden Restaurants verabrede. Wir blicken zum Nebentisch (ich leicht verstohlen, er völlig ungeniert), wo die Dunkelhaarige und der Lässige einander nicht aus den Augen lassen, während sie sich synchron ausgiebige Schlucke Rotwein einverleiben. „In Wirklichkeit", sagt mein alter Freund ziemlich hörbar, „ist sie keine magisch begehrenswerte *La Belle Dame sans Merci.*" Ich vermeide es tunlichst, die Dame anzusehen, und senke die Stimme. „Ist das nicht ... naja ... etwas uncharmant?" Mein Gegenüber zuckt mit den Achseln. „Die Wahrheit ist laut Bachmann Ingeborg den Menschen zumutbar. Jedenfalls theoretisch." Mit einem Kopfnicken deutet er Richtung Nebentisch. „Sie ist keine Mata Hari und er ist weder *der* echte Kerl schlechthin, noch der einzige wahre Gentleman." Ich versuche (für den Fall, dass der Nebentisch das gehört hat) vollkommen sinnloserweise, meine mutmaßliche Errötung durch mehrmaliges Räuspern zu camouflieren. Mein Gegenüber grinst. „Ganz normale Leute", konstatiert er dann. „Nicht attraktiver oder weniger attraktiv als du, ich und der große Rest der Menschheit. Was ja auch völlig in Ordnung ist. Interessant wird man nicht durch das, was man scheint, sondern durch das, was man ist."

Ich überlege. Er hat recht. Hätte ich jedoch ein paar Gläser mehr intus, würde ich wohl anders denken. Ich hielte mich garantiert für den Dritten im überirdisch eleganten Bunde und würde dem alkoholgeschwängerten Humbug temporär voll auf den Leim gehen. „Ist ein schmaler Grat, das mit dem wahren Schöntrinken", meint mein Freund, für den meine insgeheimen Überlegungen anscheinend ein offenes Buch sind. „Auf die Gefahr hin, als unsinnlicher, biederer Moral- und Vernunftapostel gebrandmarkt zu werden: Haltloses Bechern ist ebenso unsinnlich wie ein verkatertes Aufwachen in der nüchternen Realität. Merke: Mit Alkohol spielt man sich nicht."

Ich überlege erneut. „Was ist dann mit Schillers Diktum", frage ich. „Du weißt schon, der Mensch ist nur da ganz Mensch, wo er spielt. *Homo sapiens* ist gleich *homo ludens* et cetera." Mein Gegenüber wedelt als Entgegnung mit einer Hand in der Luft herum, als wolle er meinen Einwand wie eine lästige Fliege verscheuchen. „Wahrscheinlich stecke ich jetzt in deiner Moralapostelschublade, aber ich hab zu viele Familien kaputtgehen sehen, weil zu viel Alkohol im Spiel war. Weil trinkende Menschen die Kontrolle über sich verloren. Ehrlich, ich kann dieser ganzen Kontrollverlustneigung generell wenig abgewinnen. Egal, ob's um enthemmtes Trinken, illegales *Roadrunning* oder *Russisches Roulette* geht. Da stellt sich mir immer dieselbe Frage: Was bitte soll der Unsinn!? Muss ich mich und vor allem andere in unkontrollierbare physische und psychische Gefahren begeben, um mich selber zu spüren!?" Entschiedenes Kopfschütteln. „Das ist eine Form von Egozentrik, die ich vertrottelt finde." Er hebt sein Glas mit dem roten Burgunder. „Ich will mir kein Bild der Wirklichkeit machen", sagt er, „schon gar keines, das von zu viel Alkohol getrübt wird. Bestenfalls will ich dazu angeregt werden, die Wirklichkeit noch intensiver wahrzunehmen. So geht wahres Schöntrinken."

Ich muss nicht überlegen. Ob angeheitert, stockbesoffen oder gänzlich nüchtern: Die Welt ist, wie sie ist. Man nimmt die Dinge bloß undifferenzierter wahr, je mehr man intus hat. Das Leben kann man sich einfach nicht schön(er)trinken. Wer das zu oft maß- und ziellos versucht, dem ist in Wahrheit irgendwann alles wurscht. „Prosit" heißt bekanntlich: „Wohl bekomm's." Wurschtigkeit stellt keinen sonderlich schönen Geisteszustand dar – und wohl bekommen ist sie wohl auch noch keinem.

Leib und Seele und Einbrennsuppen

Es gibt Sätze, die schlicht und einfach stimmen. Sie waren allem Anschein nach schon immer in den Stein universeller und ultimativer Wahrheit gemeißelt und werden dies wohl bis zum Ende aller Tage bleiben. Wer einen solchen Satz gebraucht, liegt nie daneben, kann nicht widerlegt werden und weilt geborgen auf der sicheren Seite ewig gültiger Plausibilität. Ein Trottel, wer da zaudert oder zweifelt. Einer von diesen Trotteln bin ich.

Schon meine Großmutter hat das gewusst. „Bub, du bist ein bissel ein Trottel", murmelte sie mit einem leisen Seufzen und tätschelte dabei mitleidsvoll meinen Kopf, der zu diesem Zeitpunkt gerade einmal sechs oder sieben Jahre alt gewesen sein dürfte. Der Grund für die großmütterliche Diagnose und die nachfolgende Kopfbehandlung war meine Reaktion auf eine Suppe und einen Satz. Bei Ersterer handelte es sich um eine Einbrennsuppe, die mir partout nicht schmecken wollte. Und bei dem Satz handelte es sich um die großmütterliche (und ergo ultimative?) Wahrheit, der zufolge Essen und Trinken Leib und Seele zusammenhalten. Ich hatte es in meiner (kindlichen oder kindischen?) Unverfrorenheit gewagt, Suppe und Satz gleichermaßen zu hinterfragen. Was folgte, war ein längerer Disput zu den Themen *Gehorsam, Freiheit und Meinung, Geist und Materie* sowie *leicht mehlige Einbrennsuppen*. Ich wollte offenbar schon damals frei entscheiden dürfen, was ich meinem Leib an Nahrungsmitteln zuführte und ab welchem Mehligkeitsfaktor einer Suppe die Einbrenn mutmaßlich zu wenig geröstet worden war. Vor allem aber wollte ich von meiner Großmutter wissen, was es mit dieser ominösen Seele auf sich hatte. Was bitte war das genau? Eine Substanz, ein Prinzip, ein Konzept? Ich verwendete damals ziemlich sicher keinen dieser Begriffe, so penetrant obergescheit und frühreif war ich hoffentlich auch wieder nicht. Aber sinngemäß fragte ich meine Großmutter exakt das – und ich ließ zweifelsohne nicht und nicht locker, denn noch Jahre später murmelte sie stets das Wort „Einbrennsuppenalarm!", wenn ihr ein Gespräch mit mir wieder einmal zu verstiegen erschien. Wir liebten uns trotzdem sehr. Die Frage allerdings, warum die Seele dem Vernehmen nach ständig dem Leib entstreben wollte und von Einbrennsuppen mit selbigem zusammengehalten werden sollte, blieb unbeantwortet.

Essen, Trinken, Leib, Seele. Diese vier Worte und ihr vermeintlicher oder tatsächlicher Zusammenhang beschäftigen mich seitdem tagtäglich. Ich zerbreche mir den von meiner Großmutter im Laufe der Jahre noch häufig getätschelten Kopf darüber, ob die körperliche und geistige Einheit des Menschen in der Tat hauptsächlich mit der Qualität und der Art der Nahrungsaufnahme zu tun haben kann. Ich frage mich wieder und wieder, ob unser sterblicher Teil bei guter Verpflegung vielleicht doch kein ausbruchsicheres Gefängnis für den unsterblichen Teil sein könnte, wie Platon meinte, sondern eher eine durchaus angenehme Wohnstatt. Und ab und zu ertappe ich mich bei dem Gedanken, dass womöglich die ganze menschliche Existenz letztlich doch nur ein mehr oder weniger kontrolliertes Zusammenwirken diverser körperlicher und neuronaler Zustände ist und damit basta.

Meine Großmutter hat es irgendwann aufgegeben. Wer ihre Einbrennsuppe verschmähte, durfte sich nicht wundern, wenn sein Leib und seine Seele ständig im Clinch miteinander lagen. Manchmal würde ich gerne in der Zeit zurückreisen können, um ihr zuliebe die Suppe von damals einfach auszulöffeln. Ohne Zweifel war meine Großmutter das, was man gemeinhin „eine Seele von einem Menschen“ nennt. Auf die Frage, ob der Essen-Trinken-Leib-Seele-Satz nun auf den antiken Hochleistungsphilosophen Sokrates zurückgeht, wie manche Quellen behaupten, ob er, wie andere meinen, dem Libretto eines barocken deutschen Singspiels entstammt und erst später zum geflügelten Wort wurde oder ob es sich einfach um ein Sprichwort unbekannten Ursprungs handelt, hätte sie eine eindeutige Antwort gehabt: „Völlig blunzen, Bub. Der Satz stimmt schlicht und einfach.“ Heute ahne ich, dass sie auf ihre Weise recht hatte.

Und manchmal, wenn ich mir eine Einbrennsuppe koche und dabei überlege, welcher Wein dazu passen könnte, empfinde ich fast so etwas wie die Gewissheit, dass es Seelen wirklich gibt und dass ich eine habe. Ich glaube mittlerweile auch erkannt zu haben, woraus sie besteht: aus meiner lebenslangen Frage nach ihr.

REGISTER

Die Texte in diesem Buch sind seit dem Jahr 2009 als Kolumnen in der Zeitschrift „wein.pur“ erschienen.

Kolumne 1	„Der Liebhaber“, erschienen in der Ausgabe 2/2009
Kolumne 2	„Weit weg und ganz nah“, erschienen in der Ausgabe 3/2009
Kolumne 3	„Weniger ist mehr“, erschienen in der Ausgabe 4/2009
Kolumne 4	„Land unter“, erschienen in der Ausgabe 5/2009
Kolumne 5	„Ganz ohne Stress“, erschienen in der Ausgabe 6/2009
Kolumne 6	„Kosmos und Chaos“, erschienen in der Ausgabe 1/2010
Kolumne 7	„Leib und Seele“, erschienen in der Ausgabe 2/2010
Kolumne 8	„Der fliegende Franzose“, erschienen in der Ausgabe 3/2010
Kolumne 9	„Kaltwarm“, erschienen in der Ausgabe 4/2010
Kolumne 10	„Dabei sein ist alles“, erschienen in der Ausgabe 5/2010
Kolumne 11	„Wilde Ehen“, erschienen in der Ausgabe 6/2010
Kolumne 12	„Arme Schlucker“, erschienen in der Ausgabe 1/2011
Kolumne 13	„Vorsätze“, erschienen in der Ausgabe 2/2011
Kolumne 14	„Annus jubilaeus“, erschienen in der Ausgabe 3/2011
Kolumne 15	„Zwischenbilanz “, erschienen in der Ausgabe 4/2011
Kolumne 16	„Alte Liebe“, erschienen in der Ausgabe 5/2011
Kolumne 17	„Wein und Wetter“, erschienen in der Ausgabe 6/2011
Kolumne 18	„Junger Wein und alte Hüte“, erschienen in der Ausgabe 1/2012
Kolumne 19	„Das wahre Leben“, erschienen in der Ausgabe 2/2012
Kolumne 20	„Die Entscheidung“, erschienen in der Ausgabe 3/2012
Kolumne 21	„Etwas Mokka“, erschienen in der Ausgabe 4/2012
Kolumne 22	„Erinnerung“, erschienen in der Ausgabe 5/2012
Kolumne 23	„Keine weiteren Fragen“, erschienen in der Ausgabe 6/2012
Kolumne 24	„Zwischen Himmel und Erde“, erschienen in der Ausgabe 1/2013

Kolumne 25	„Bekennender Wiederkäuer“, erschienen in der Ausgabe 2/2013
Kolumne 26	„Der Lenz ist da“, erschienen in der Ausgabe 3/2013
Kolumne 27	„Fruchtbarer Halbmond“, erschienen in der Ausgabe 4/2013
Kolumne 28	„Die vierte Farbe“, erschienen in der Ausgabe 5/2013
Kolumne 29	„Verschlusssachen“, erschienen in der Ausgabe 6/2013
Kolumne 30	„Alle Jahr(gäng)e wieder“, erschienen in der Ausgabe 1/2014
Kolumne 31	„Das Dingsbums im Blaufränkischen“, erschienen in der Ausgabe 2/2014
Kolumne 32	„Regel und Ausnahme“, erschienen in der Ausgabe 3/2014
Kolumne 33	„Hinter dem Horizont“, erschienen in der Ausgabe 4/2014
Kolumne 34	„Süßes Geheimnis“, erschienen in der Ausgabe 5/2014
Kolumne 35	„Wein und Wissen“, erschienen in der Ausgabe 6/2014
Kolumne 36	„Überfluss“, erschienen in der Ausgabe 1/2015
Kolumne 37	„Eine Lanze für Nachbars Weine“, erschienen in der Ausgabe 2/2015
Kolumne 38	„Angebot und Nachfrage“, erschienen in der Ausgabe 3/2015
Kolumne 39	„Schweinsbraten veltlinert famos“, erschienen in der Ausgabe 4/2015
Kolumne 40	„Vatikanische Zwillingsformel“, erschienen in der Ausgabe 5/2015
Kolumne 41	„Das (fast) ewige Leben“, erschienen in der Ausgabe 6/2015
Kolumne 42	„Wein drüber“, erschienen in der Ausgabe 1/2016
Kolumne 43	„Wehret den Mischmaschs! “, erschienen in der Ausgabe 2/2016
Kolumne 44	„Schön trinken“, erschienen in der Ausgabe 3/2016
Kolumne 45	„Leib und Seele und Einbrennsuppen“, erschienen in der Ausgabe 4/2016

© Arnold Pöschl

Rupert Henning,

geboren 1967 in Klagenfurt, ist freischaffender Schriftsteller, Schauspieler, Theater- und Filmregisseur. Nach ersten Publikationen und Literaturpreisen in den 1980er-Jahren und einem Studium sowie einer Theaterausbildung in Wien arbeitet er seitdem hauptsächlich als Dramatiker, Regisseur und Drehbuchautor für europäische Kino- und TV-Filmproduktionen und erhielt zahlreiche nationale und internationale Auszeichnungen für seine Tätigkeit als Autor und Darsteller. Für die österreichische Zeitschrift „wein.pur" verfasst er regelmäßig Kolumnen zum Thema Wein.